愛着のある家、物語のある暮らし

~住み続けたい、住み継ぎたい家の探求~

はじめに

今からおよそ30年以上前、誰もが21世紀の訪れを意識しはじめた頃、住宅業界の現在へとつながる大きな潮流が芽生えた。それは「長寿命住宅」「長期耐用住宅」「資源循環型住宅」「サステナブルハウジング」などさまざまな名称で語られ、国や自治体、ハウスメーカーや住関連企業がこれからの日本の住宅の在り方を模索しはじめたという流れである。

そもそも日本の住宅は、かねてから欧米に比べ極めて短寿命であると指摘されており、高度経済成長期においてはスクラップ・アンド・ビルドが当然のように繰り返されてきた。そこに〝消費型社会から循環型社会へ〟〝環境と共生する時代へ〟という新世紀に向けての指標が提示され、資源やエネルギーの大量消費、建築廃材の大量発生の見直しなどを根幹とした取り組みが一気に加速されてきたのである。工業化住宅が誕生して約30年、1981年の建築基準法改正（新耐震基準）施行に続く、大きな波となって住宅業界全体が動きはじめた。

国家プロジェクトをはじめとする主要な取り組みでは、実に多角度から「住宅の長寿命化」が検討・立案・着手された。「計画～施工～維持管理～改修」といったトータルな視点とその各側面に対し、技術や部材のハード面からのアプローチはもちろん、ソフト面である住まい手のライフスタイルやライフステージに添った暮らし方の変化にまで視野が広げられたことは特筆すべき点である。

そして、これらの取り組みは２００８年公布の「長期優良住宅の普及の促進に関する法律」として、ひとつの成果を見出し、時代や社会の変化に即した改正を重ねながら、今日の住宅の在り方の指針ともなっている。

本書では、「住宅の長寿命化」への取り組みを下敷きにしながら『より長く住み続けられる家、世代を超えて住み継がれる家』について考察する。

なかでも、現代の日本の住宅の多くはすでに技術性能面において一定の長期耐用性を備えている点（長期優良住宅の普及等）を踏まえ、〝住まい手の意識と精神面＝住み続けたい、住み継ぎたいという気持ち〟に重点を置くこととした。

そこで着目したのが、住まいに対する『愛着』の醸成である。すでに身のまわりのものに対して、〝良いもの・気に入ったものを、手を加えながら長く使う〟というライフスタイルは広まりつつあり、この意識と価値観を住まいに向けることが『住み続けられる家、住み継がれる家』と『豊かな暮らしの在り方』を導くことにつながるのではないだろうか。ここ数年にわたる新型コロナウイルスの影響により、自宅で過ごす時間が増え、わが家での暮らしを見つめ直した住まい手も多いと思われる。これは、自分や家族が人生を過ごす場となる住まいに対する価値観を捉え直す絶好の機会とも言える。

本書が、読者のみなさまの〝わが家に愛着を持って長く住み続ける〟という暮らし方・生き方を楽しむきっかけのひとつとなれば幸いである。

目次

第一章　壊される家、壊されない家

家の寿命、過去・現在・未来

長期耐用住宅等へのさまざまな取り組みがスタートした１９９０年代から２０００年前後にかけて、しきりに語られたのが日本の住宅の平均寿命の短さである。欧米の住宅寿命（イギリス77年、アメリカ55年）に比べて日本の住宅は極めて短寿命で約30年と言われた（**図1-1**）。ただ、この欧米比較はそもそもの建築工法や住文化、自然等の環境などの違いもあって、単純比較するに適さない面があったことも否めない。また当時の比較データの元となったのが〝壊された住宅の平均築年数〟であり、その対象となった住宅新築時期の技術・社会状況などに鑑みると、実際にその時点で現存していた日本の住宅の寿命はもう少し長かったであろうと考えられる。とは言うものの、日本の住宅寿命は決して長くなかったのは事実である。

その後、住宅性能表示制度（２０００年）・長期優良住宅制度（２００９年）などが整備され、制振構造や免震構造などの耐震性能を高める構造技術も進歩し、〝品質が高く、強く長持ちする住宅〟が多く新築されたことで、以降の日本の住宅寿命は顕著に長くなったとみることができる（**図1-3**）。それを裏付けるひとつに、品確法（住宅の品質確保の促進等に関する法律）に対応する住宅の増加があるが、実際に住宅性能評価書交付の割合は年々増加しており、令和4年度では過去最高の28・2%に上っている（図1-2）。

また、日本の住宅寿命の短さには、税法上で法定耐用年数が用いられていることも影響していると言われる。木造住宅で22年、鉄骨造住宅で19〜34年、鉄筋コンクリート造住宅で47年が経過すると建物の税務上の資産価値がゼロと見なされることから、中古住宅として流通しにくくなり壊されやすくなるわけだが、この点は行政サイドからの対策も進められており、課題解決への期待が高まっている。

今後は、それゆえ日本の住宅はさらなる長寿命化へ向かうと考えられる。

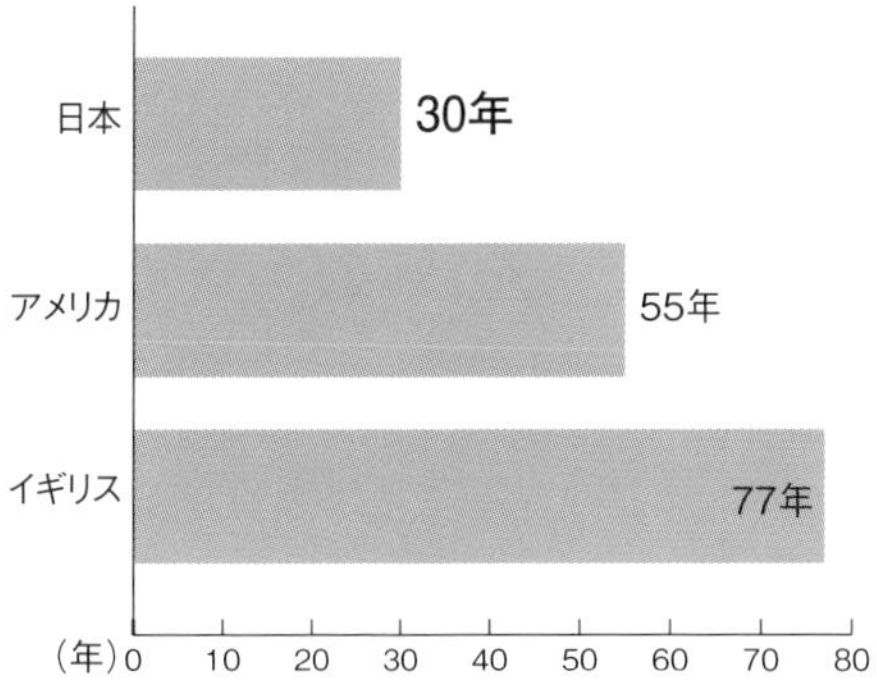

日本：住宅・土地統計調査（1998年、2003年）、
アメリカ：American Housing Survey（2001年、2005年）、
イギリス：Housing and Construction Statistics（1996年、2001年）

出典：国土交通省「長持ち住宅の手引き」

図 1-1　住宅寿命の比較

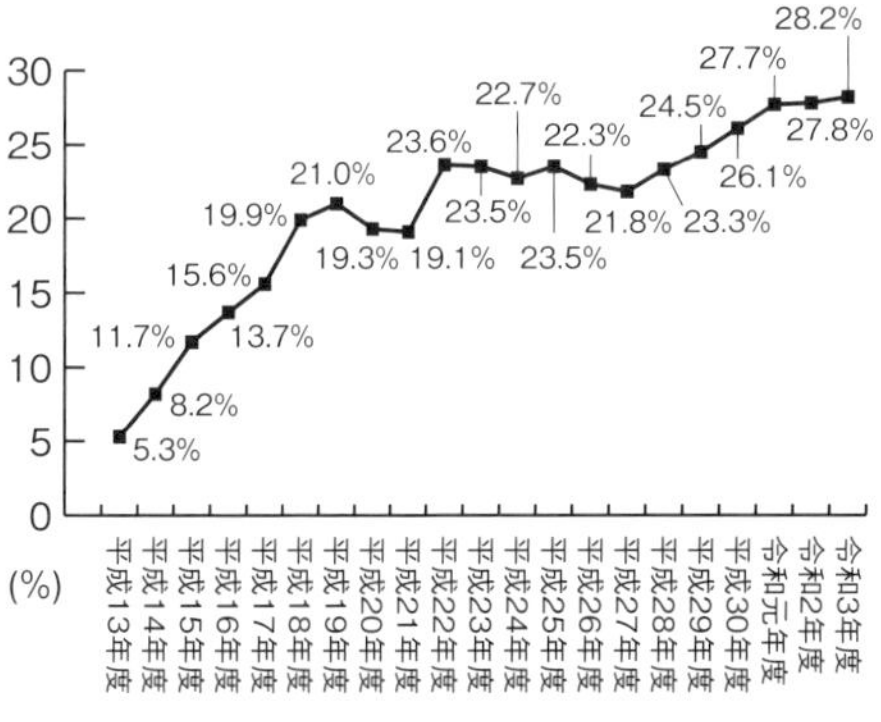

出典：国土交通省「報道資料」（2022年）

図 1-2　住宅性能評価書交付割合の推移

年	主な住宅技術・公的制度・法改正など	主な地震災害・社会背景など
1970		
	◀ 1973 工業化住宅性能認定制度 発足	
	◀ 1974 工業化住宅シェア 10%を超える 量から質の時代へ	
		◀ 1978 宮城県沖地震
	◀ 1979 新住宅開発 PJ	
1980		
	◀ 1980 旧省エネ基準制定	
	◀ 1981 建築基準法施工令改正（新耐震設計法）	
		◀ 1983 日本海中部地震
		◀ 1984 長野県西部地震
	◀ 1989 21世紀住宅開発 PJ、新工業化住宅産業技術・システム開発 PJ	
1990		
		◀ 1990～ シックハウス症候群が問題化
	◀ 1992 新省エネ基準制定	◀ 1993 北海道南西沖地震
	◀ 1994 太陽光発電補助金制度	
	◀ 1994 ハウスジャパン生活価値創造住宅開発 PJ	
	◀ 1995 耐震改修促進法制定	◀ 1995 兵庫県南部地震
	◀ 1999 次世代省エネ基準制定	
2000		
	◀ 2000 資源循環型住宅技術開発プロジェクト	
	◀ 2000 品確法制定、住宅性能表示制度運用開始	◀ 2001 インターネットブロードバンド普及
	◀ 2000 資源循環型技術開発 PJ	
		◀ 2004 新潟県中越地震
	◀ 2005 ユニバーサルデザイン政策大綱策定	
	◀ 2006 住生活基本法	◀ 2007 能登半島地震
	◀ 2009 スマートハウス実証 PJ	◀ 2007 新潟県中越沖地震
	◀ 2009 長期優良住宅認定制度開始	◀ 2008 岩手・宮城内陸地震
2010		
	◀ 2010 住宅エコポイント申請開始	
	◀ 2012 ZEH 支援事業開始	◀ 2011 東北地方太平洋沖地震
	◀ 2013 耐震改修促進法改正	◀ 2012 住宅用太陽光発電 100万件突破
	◀ 2015 ZEH 政策目標の設定 ZEH 支援事業拡大	◀ 2016 熊本地震
	◀ 2015 建築物省エネ法(省エネ基準適合の義務化)制定	◀ 2018 大阪府北部地震
		◀ 2018 北海道胆振東部地震
	◀ 2019 建築基準法施工令改正(ストック活用等)	
2020		
		◀ 2020 コロナ禍による在宅勤務・おうち時間の増加
		◀ 2021 福島県沖地震
		◀ 2022 福島県沖地震

図 1-3 住宅寿命に関わる制度・技術の変遷（抜粋）

なぜ壊されるのか

日本の住宅はなぜ短寿命で壊されてきたのか、壊される要因はどこにあるのだろうか。住宅の長寿命化を考えるうえで必要な知見を得るために、2000年より具体的な調査・分析を行った（**図1-4**）。実際に建て替え・解体に至った戸建住宅46件（2000年：20件・2001年：26件／その後、積水ハウスを新築）を訪問し、建て替えによる空間プラン構成や設備機能などの変化を検証するとともに、生活者家族へのインタビューを行い、総合的に建て替え（取り壊し）要因を抽出・分析した。

調査期間	有効調査物件数
2000年度	20件
2001年度	26件
合　計	46件

構　造	階　数	床面積	築年数
木造39件	平屋7件	最小63.1㎡	最長80年
S造5件	2階建38件	最大229.0㎡	最短18年
RC造2件	3階建1件	平均125.1㎡	平均35.3年

図1-4　建て替え訪問調査の概要

調査対象物件は、築80年という長寿命住宅から築18年という平均寿命に満たない住宅などさまざまで、構造分類では木造が最も多く85%、鉄骨造11%、鉄筋コンクリート造4%であった。建て替え後の世帯構成としては、単世帯居住（22件）と二世帯居住（23件）がほぼ半々の割合となった。二世帯居住の中には単世帯居住から二世帯居住へ変化した物件が8件あり、逆に二世帯居住から単世帯居住へ変化したものも1件あり、世帯変化という視点での検証も行うことができた。

具体的な調査・分析について一例を紹介しよう。事例となる

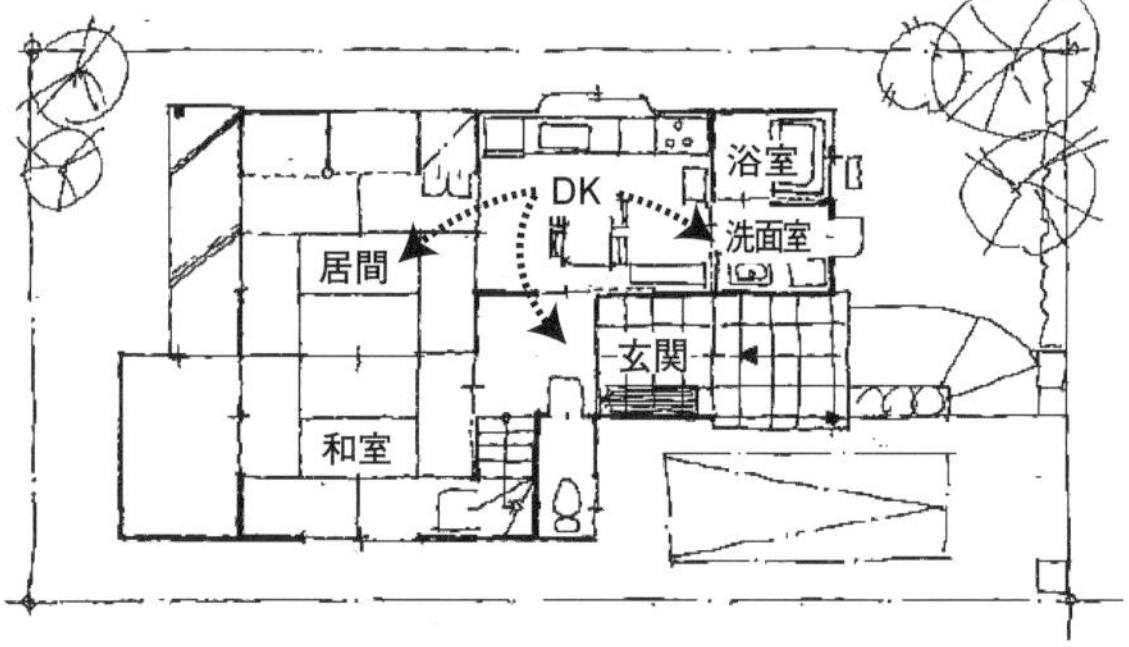

水まわり・居間・玄関に直結した動線は一見効率的だが、
実生活においてはDKでの交錯が暮らしにくさにつながる。

図1-5　U邸の建て替え前プラン（1階）

U邸は築23年の木造2階建て住宅で、単世帯居住を継続しての取り壊し・建て替え物件である。

生活者家族は1984年に築7年の中古住宅を購入。入居時に水まわりのクロスを貼り替え、3年後に洗面化粧台の交換、5年後に外壁の塗り替え、12年後に子ども室のクロスの張り替えなどのリフォームを重ねた末、入居16年後（築23年）に取り壊して新築住宅に建て替えた。ヒアリング調査によると、入居当初より居間・水まわりの動線に不満を抱えたまま暮らし続けてきたことが、最大の建て替え要因のひとつであったことが判明。住宅全体の老朽化による安全面・機能面などへの不安・不満も重なって建て替えを決断したという経緯である。

最大要因と考えられる居間・水まわりの動線については、建て替え前のプランを検証しても暮らしにくさが見て取れ、当初の設計時における生活行為の見極め、計画面での配慮・工夫が十分ではなかったと分析できる（**図1－5**）。

このように調査物件を細かに検証し、計26物件それぞれに分析シートを作成した（**図1－6**）。その全体を見渡すことから、建て替え要因が大きく3つに分類して捉えられることがわかった。「物理的

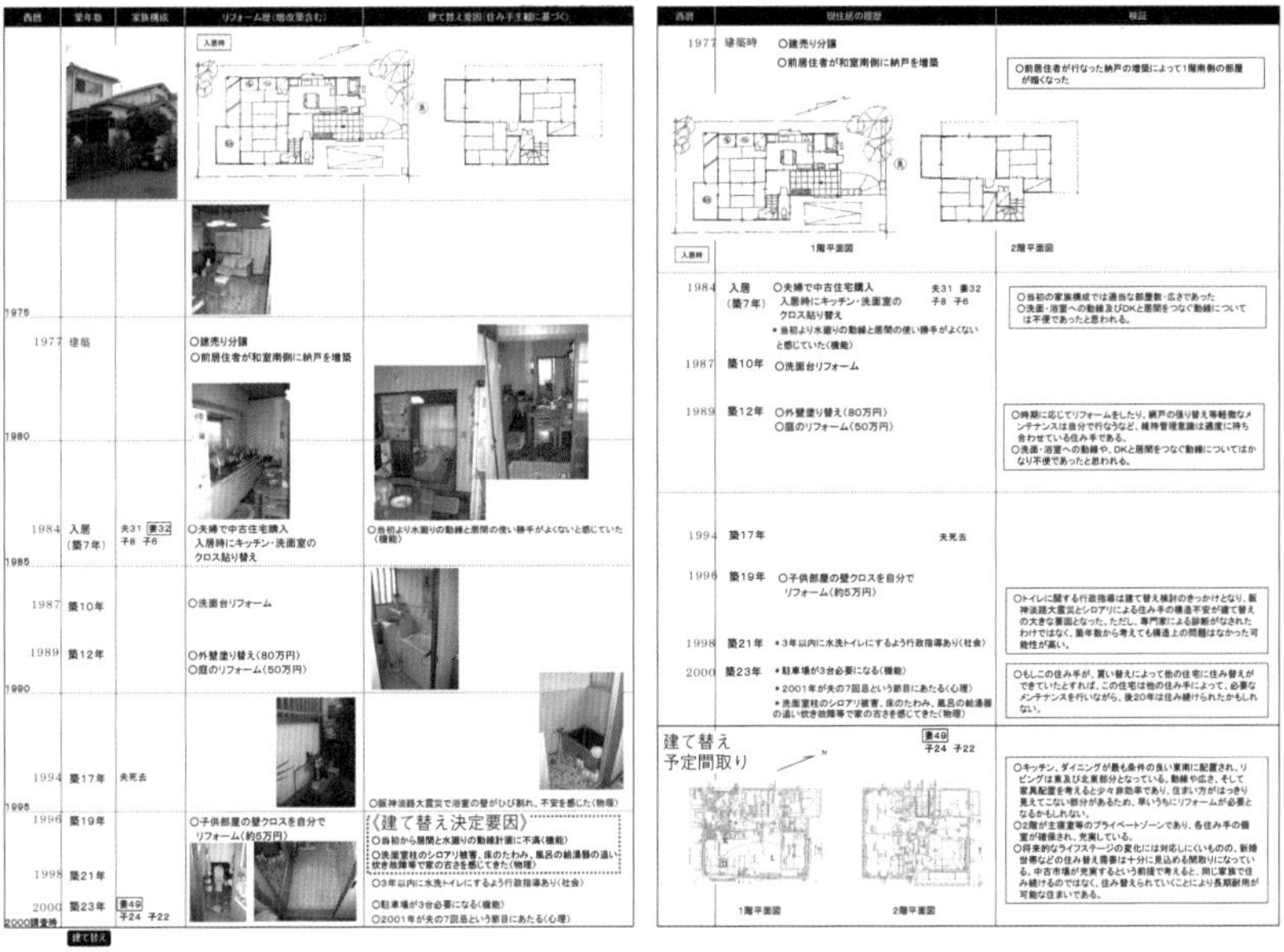

図 1-6　建て替え訪問調査／分析シート

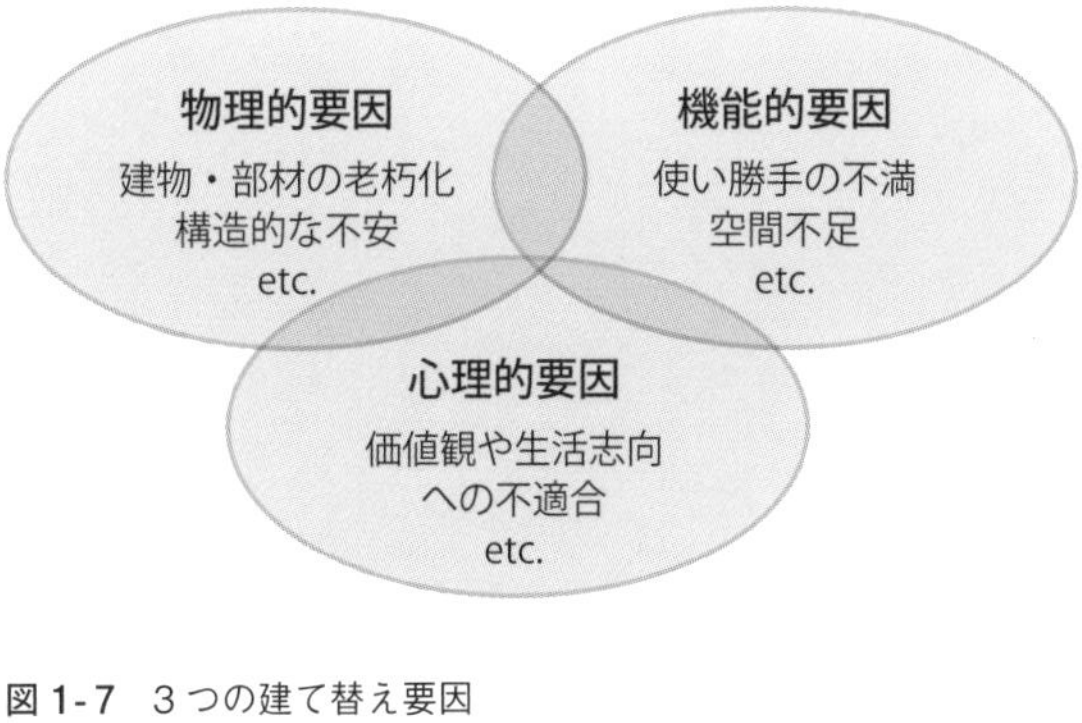

図 1-7　３つの建て替え要因

	件数
物理的要因（老朽化・構造不安等）	5
機能的要因（空間の過不足・住要求ＵＰ等）	13
心理的要因（自分の家が欲しい等）	1
物理的要因と機能的要因の複合	16
物理的要因と心理的要因の複合	2
機能的要因と心理的要因の複合	9
合　計	46

物理的要因を含むもの　・・・　23件（50.0%）
機能的要因を含むもの　・・・　38件（82.6%）
心理的要因を含むもの　・・・　12件（26.0%）

図 1-8　建て替え調査物件の要因分類

要因」は建物の老朽化に関わる要因であり、「機能的要因」は使い勝手に関わる要因、「心理的要因」は具体的な不具合というよりも価値観における不適合と考えられる（**図1－7**）。

ただ、実際の建て替えの要因は、これら3要因のひとつに特定できないケースも少なくない。特に「物理的要因」と「機能的要因」は複合されて建て替えに至るケースが多く、「心理的要因」が構造面での不安（物理的要因）や生活上の不満（機能的要因）を誘発しているケースも散見された（**図1－8**）。

壊されない家とは

建て替え訪問調査においては、前述・U邸の事例にもあるように住み始めから建て替えに至る時系列に沿って、住まい手と住宅の関わり合い方についても情報整理しており、その一つひとつの事象について住宅計画の専門家の視点で検証を行った。

たとえば、住まい手が建物や設備に老朽化や不具合などを感じた時点で、あるいは家族構成やライフステージ・ライフスタイルの変化に伴うニーズが発生した時点で、どのようなリフォームを行い（もしくは行わず）、その内容は以降の長期居住において適切なものであったか、などを検証した。その結

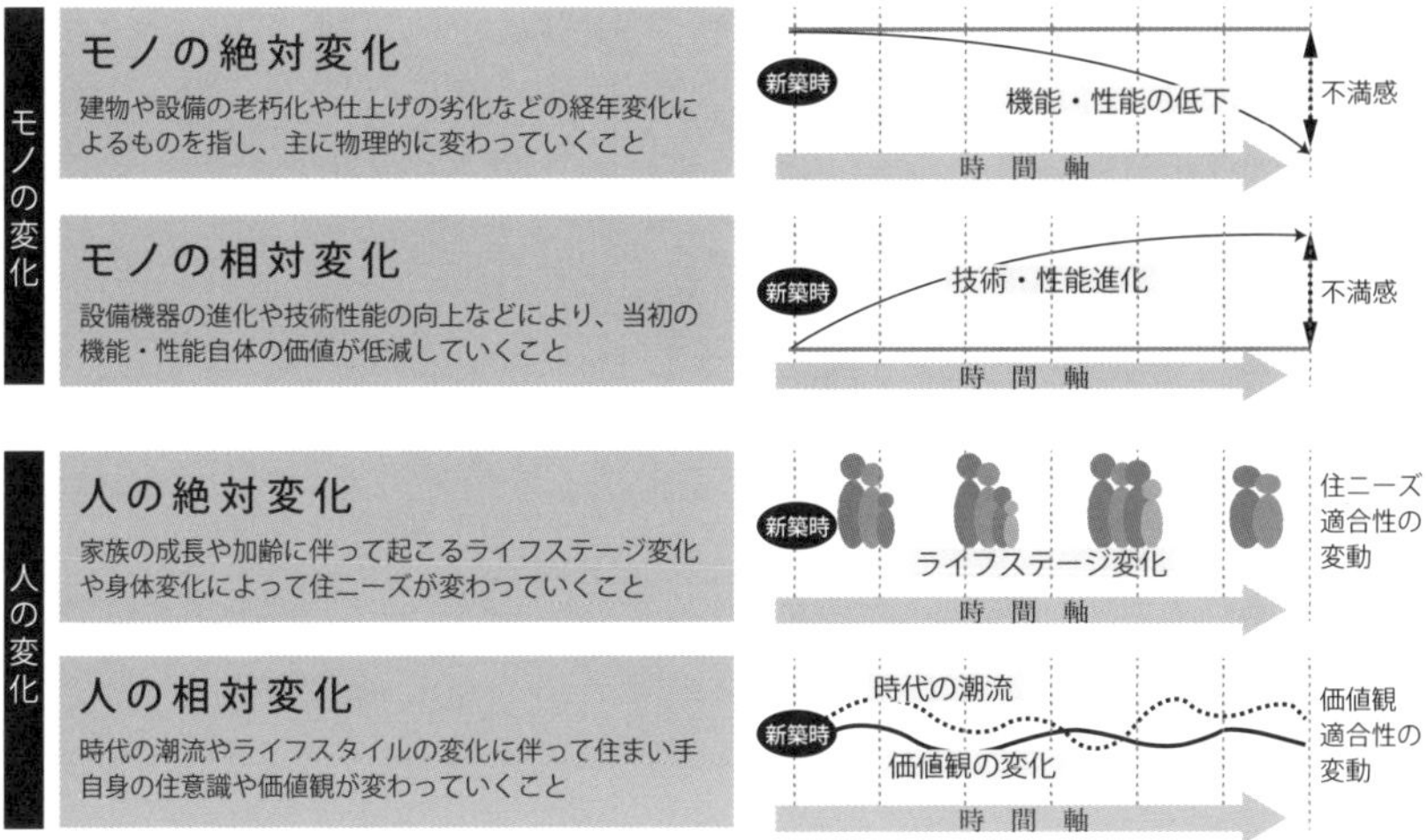
モノの変化
モノの絶対変化
建物や設備の老朽化や仕上げの劣化などの経年変化によるものを指し、主に物理的に変わっていくこと
新築時
機能・性能の低下
不満感
時間軸
モノの相対変化
設備機器の進化や技術性能の向上などにより、当初の機能・性能自体の価値が低減していくこと
新築時
技術・性能進化
不満感
時間軸
人の変化
人の絶対変化
家族の成長や加齢に伴って起こるライフステージ変化や身体変化によって住ニーズが変わっていくこと
新築時
ライフステージ変化
住ニーズ適合性の変動
時間軸
人の相対変化
時代の潮流やライフスタイルの変化に伴って住まい手自身の住意識や価値観が変わっていくこと
新築時
時代の潮流
価値観の変化
価値観適合性の変動
時間軸

図1-9　モノの変化・人の変化

果、適切なタイミングで多角度から専門家によるアドバイスを受け、適正な技術によって適切なリフォームを行っておけば、建て替えを回避でき長寿命化したであろうと分析できた事例が46件中11件に上った。少なくとも2割は〝壊されない家〟に該当したわけである。

　このような検証・分析を重ねることで着目したのが、「モノの絶対変化と相対変化、人の絶対変化と相対変化」という捉え方である（図1－9）。

「モノの絶対変化」とは、建物や設備の老朽化や仕上げの劣化などの経年変化によるものを指し、主に物理的に変わっていくことである。「モノの相対変化」とは、設備機器が進化したり、建物の断熱性能が向上するなど、モノそのものは当初の機能・性能を維持しているが技術や社会の進化によって相対的に価値が低減することを指す。

　また「人の絶対変化」とは、家族の成長や加齢に伴って起こるライフステージ変化や身体変化を指し、子ども用個室のニーズ発生（もしくは不要化）や同居・多世帯化、介護対応などが該当する。「人の相対変化」とは、ライフスタイルの変化に伴って住まい手の住意識や価値観が変わることを指し、時代の潮流などにも影響を受けやすい。

〝壊されない家〟を考えるにあたり、「モノの絶対変化と相対変化、人の絶対変化と相対変化」を見渡すことがポイントとなり、特に〝相対変化〟への対応が重要な課題と言える。

鍵を握る「愛着」

モノ・人ともに相対変化への対応が重要であるが、「モノの相対変化」に対しては進化する技術要素の開発上でクリアすることが可能と考えられる。たとえば、新築時より高性能な住宅部材が現れた場合でも、スムーズに更新できる技術的工夫を含めることで相対変化に追従していくことができるわけである。

ところが「人の相対変化」に対しては、住まい手の住意識や価値観の変化が主軸となるため、予測が難しいだけでなく、すべてが十人十色の個別解となる。もちろん時代の潮流を予測し、住宅自体に柔軟性を持たせることで一定の対応力を高めることは可能だが、想定外の事象等が発生した場合は取り壊しへと向かうことも否めない。

そこで、住意識や価値観の変化を超えてなお〝取り壊さずに住み続けたい〟という意志を高める要素に着目することが必要であり、そのひとつが本書のテーマである「愛着」であると考える。時代や社会的な価値の高低・有無に関わらず、住まい手自身にとってかけがえのないもの、いつまでも自身の価値観に添い続けるもの。そんな住宅はきっと、末長く住み続けられる可能性が高い。「愛着」こそ、住宅の長寿命化の鍵となるのではないだろうか。

ぜひ、身近で「愛着」を感じるものを思い浮かべてみてほしい。そして、それを自分の住まいに置き換えて想いを巡らせていただきたい。

第二章　愛着の芽生えと育み

持ち家・戸建て・注文建築

愛着のある住まいとは、どのような住まいだろうか。この根本的な課題に対して、まず住まいのアウトラインからのアプローチを行った。

調査の結果、〝持ち家〟であることが有効な条件のひとつに浮かび上がった。住まいに愛着がある人は、賃貸住宅では13%に止まるが、持ち家では43%を超える（**図2-1**）。これは自己所有という意識が大きく影響していると考えられる。

さらに、持ち家のなかでは集合住宅よりも〝戸建て住宅〟の方が愛着を持つ人の割合が高く、その戸建て住宅においては建売住宅や中古住宅よりも〝注文建築〟であることが、愛着のある住まいとなるための強い要因であることが見て取れる（**図2-2、図2-3**）。

そして、この〝持ち家・戸建て・注文建築〟という「愛着のある住まい」のアウトラインを読み解くことで、「住宅取得における住まい手の関与の深さ」という視点が導き出せる。

持ち家には自己所有という強い関わりがあり、戸建て・注文建築には自身の生活スタイルや嗜好などを反映するための建築計画への関わりがあったはずである。いわば〝持ち家・戸建て・注文建築〟は、これらの関わりを通して、すでに住みはじめの時点で〝気に入った住まい〟として形づくられる要素が含まれており、それが愛着のベースとなっていると考えられる。

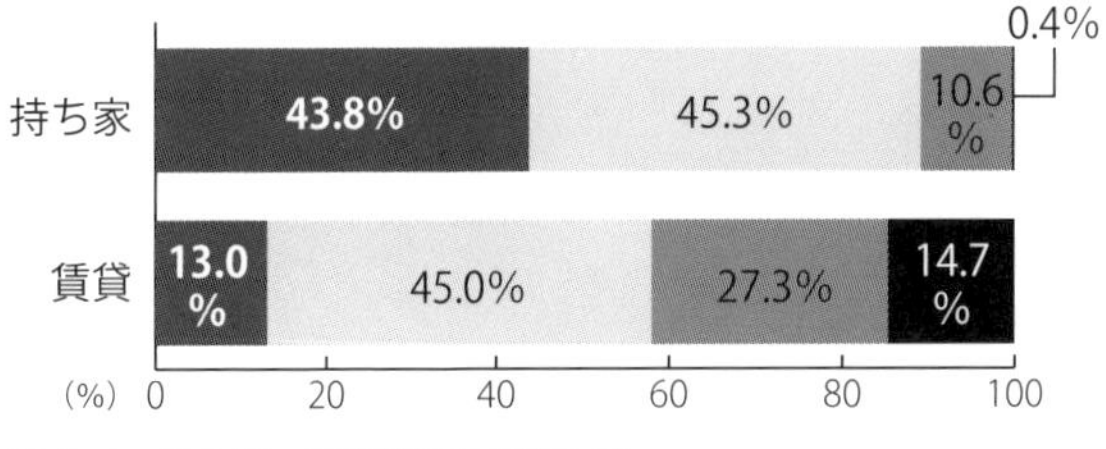

図 2-1　持ち家・賃貸住宅の愛着比較

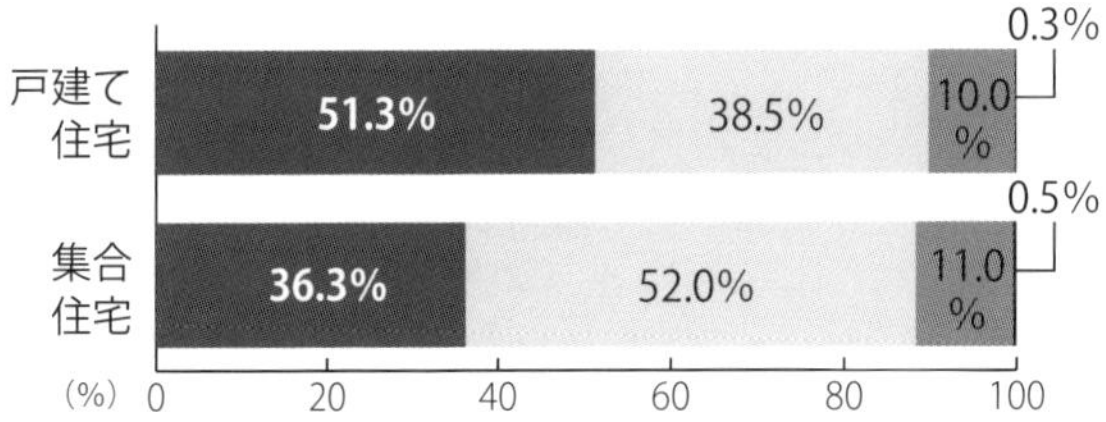

図 2-2　戸建て住宅・集合住宅の愛着比較（自己所有のみ）

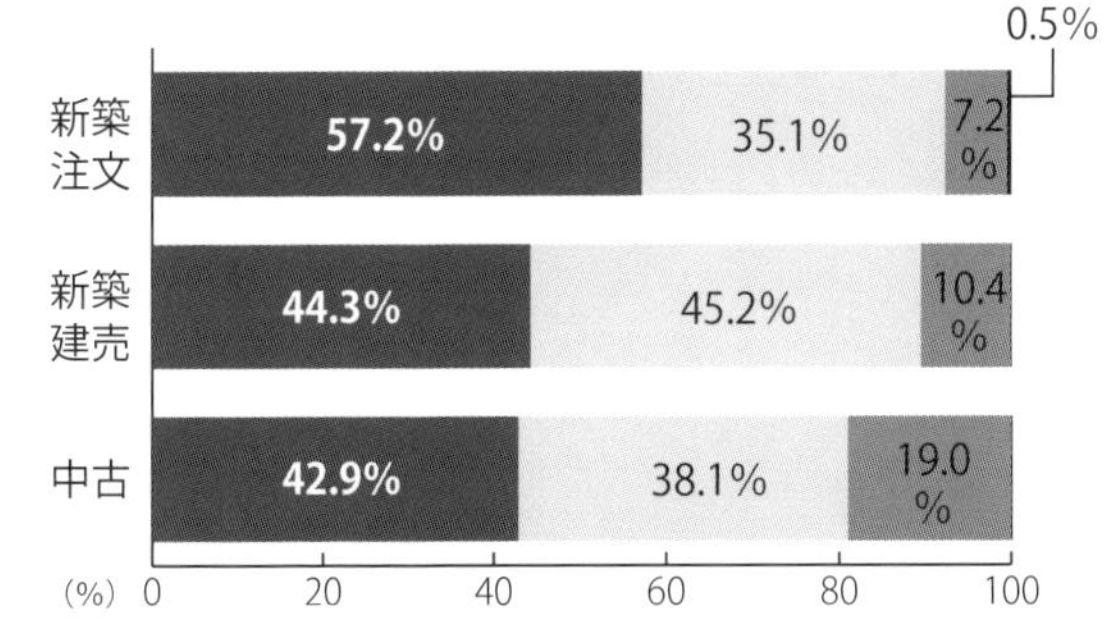

図 2-3　戸建て住宅の愛着比較（自己所有のみ）

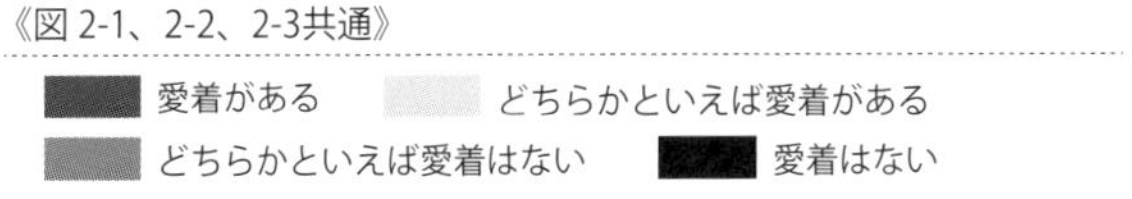

出典：積水ハウス「住まいの愛着に関する調査」（2006 年）

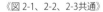

愛着の増減と醸成

愛着は、住み続けることでどのように変化していくのだろうか。居住年数による調査結果からその推移をみると、総体的に年数を経ることで増加していく傾向にあるが、居住5～9年・10～14年でいったん落ち込む（**図2－4**）。これは当初〝気に入った住まい〟として入居したものの、4年目頃を境に生活スタイルや嗜好とのギャップなどを感じはじめたと推察できる。

実際に居住初期の住まいに対する想いは、愛着というよりは〝お気に入り／**favorite**〟と称すのが妥当で、年月を経てこそ感じられ備わっていくものを〝愛着〟と捉えるべきであろう。〝お気に入り／**favorite**〟は、時間と共に愛着を携える要素となる。前述の居住年数による変化においては、入居5年以降に増加傾向にある部分こそ、真の〝愛着〟と解釈することができるのではないだろうか。

そして愛着の増減については、そもそも愛着（favoriteを含む）のある人とない人では大きな違いがある。愛着のある人の半数以上が住みはじめてから〝愛着が増加した〟のに比べ、愛着のない人の90％以上が〝愛着は変わらない・低下した〟としている（**図2－5**）。すなわち、住みはじめに愛着があれば経年によってそれは醸成される可能性が高いが、愛着がない住まいに新たに愛着が生まれることは稀であると言える。

さらに愛着の増減で着目したいのが、その理由である。調査のフリーアンサーを分析したところ、「地域環境」「参加」「機能」「思い出」といった愛着増加のキーワードが抽出できた（**図2－6**）。なかでも住まいづくりにおいて意識したいのが、「参加」「機能」「思い出」である。

「参加」は前項で記した〝住まい手の関与〟と同じく、住まい選びや住まいづくりのプロセスに住まい手自身が関わることである。事前の情報収集を積極的に行い、設計・建築の段階で専門家とコミュニケーションを重ね、主体性を持って建築・購入の決定をしたり、プラン・設備・インテリアなど多様な選択肢を受けて自ら納得・共感して決定するといった一連の関与行動によって、愛着の有無が大

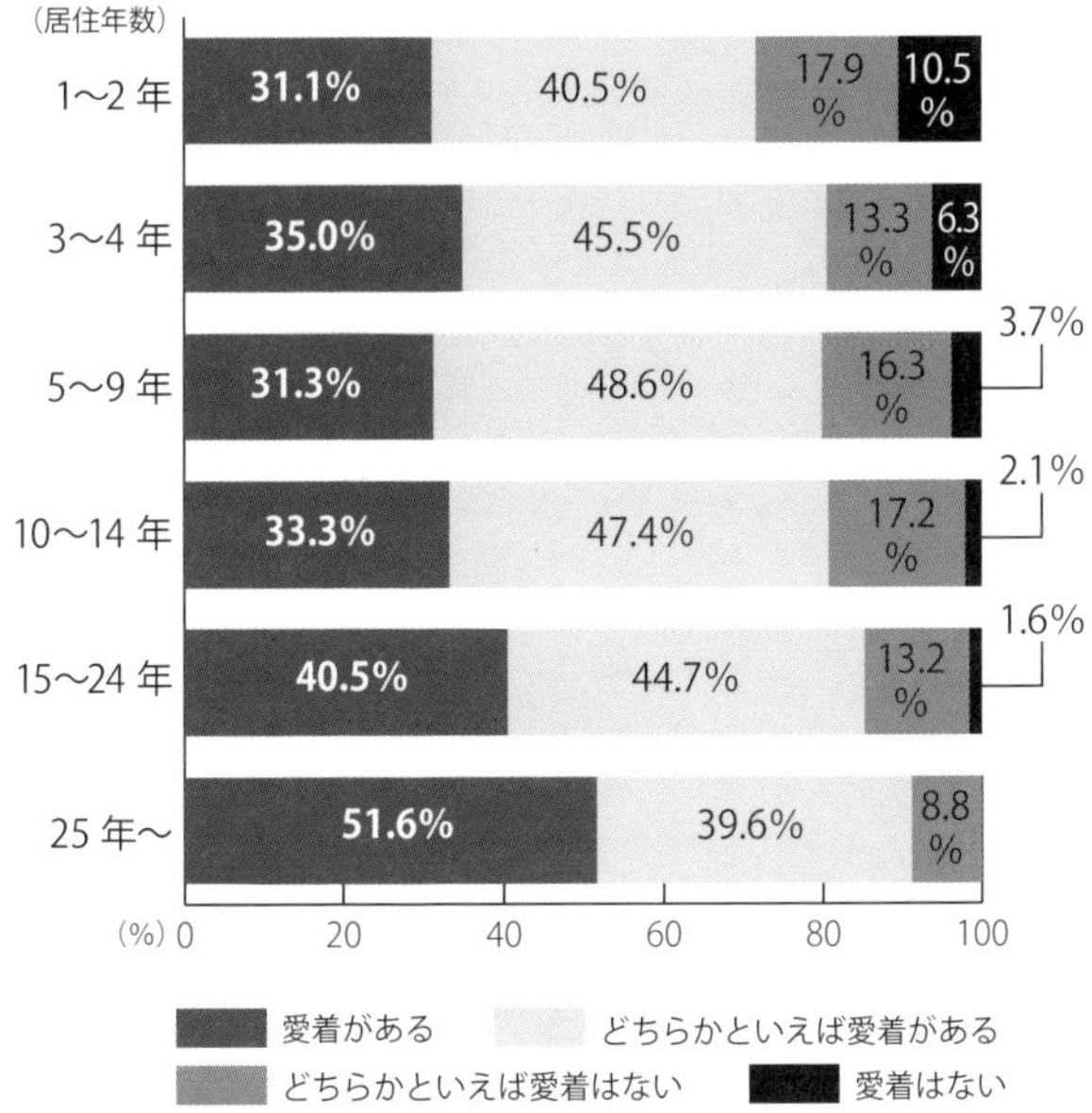

（居住年数）
1〜2 年
31.1%
40.5%
17.9 %
10.5 %
3〜4 年
35.0%
45.5%
13.3 %
6.3 %
5〜9 年
31.3%
48.6%
16.3 %
3.7%
10〜14 年
33.3%
47.4%
17.2 %
2.1%
15〜24 年
40.5%
44.7%
13.2 %
1.6%
25 年〜
51.6%
39.6%
8.8 %
(%) 0 20 40 60 80 100
愛着がある
どちらかといえば愛着がある
どちらかといえば愛着はない
愛着はない

出典：積水ハウス「住まいへの愛着アンケート調査」（2006 年）

図 2-4　居住年数からみた愛着

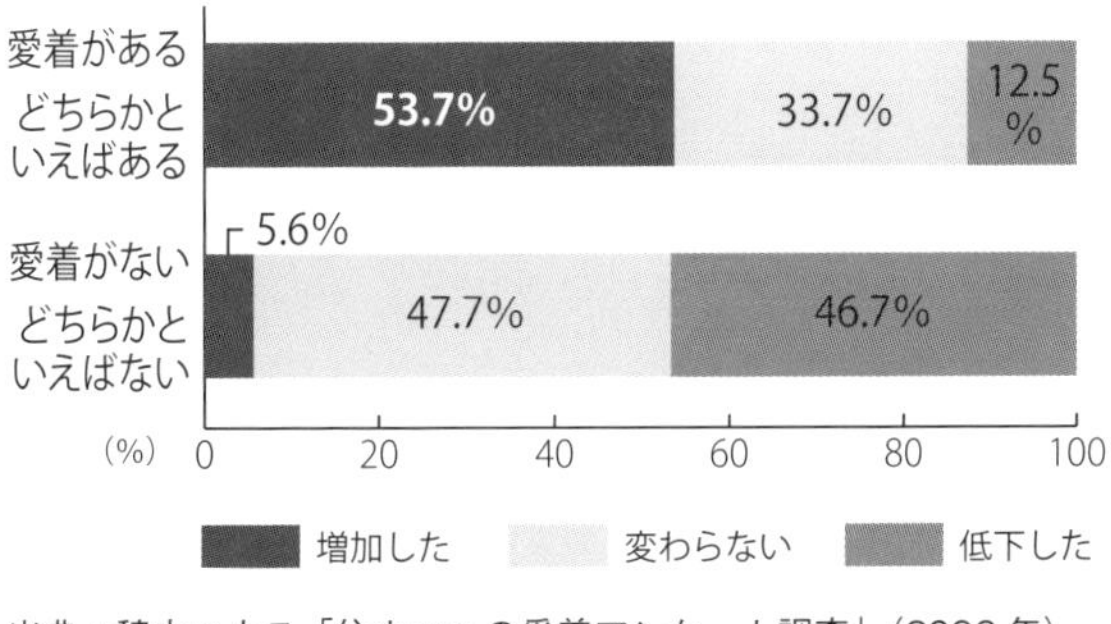

愛着がある
どちらかといえばある
53.7%
33.7%
12.5 %
愛着がない
どちらかといえばない
5.6%
47.7%
46.7%
(%) 0 20 40 60 80 100
増加した
変わらない
低下した

出典：積水ハウス「住まいへの愛着アンケート調査」（2006 年）

図 2-5　愛着の有無と増減

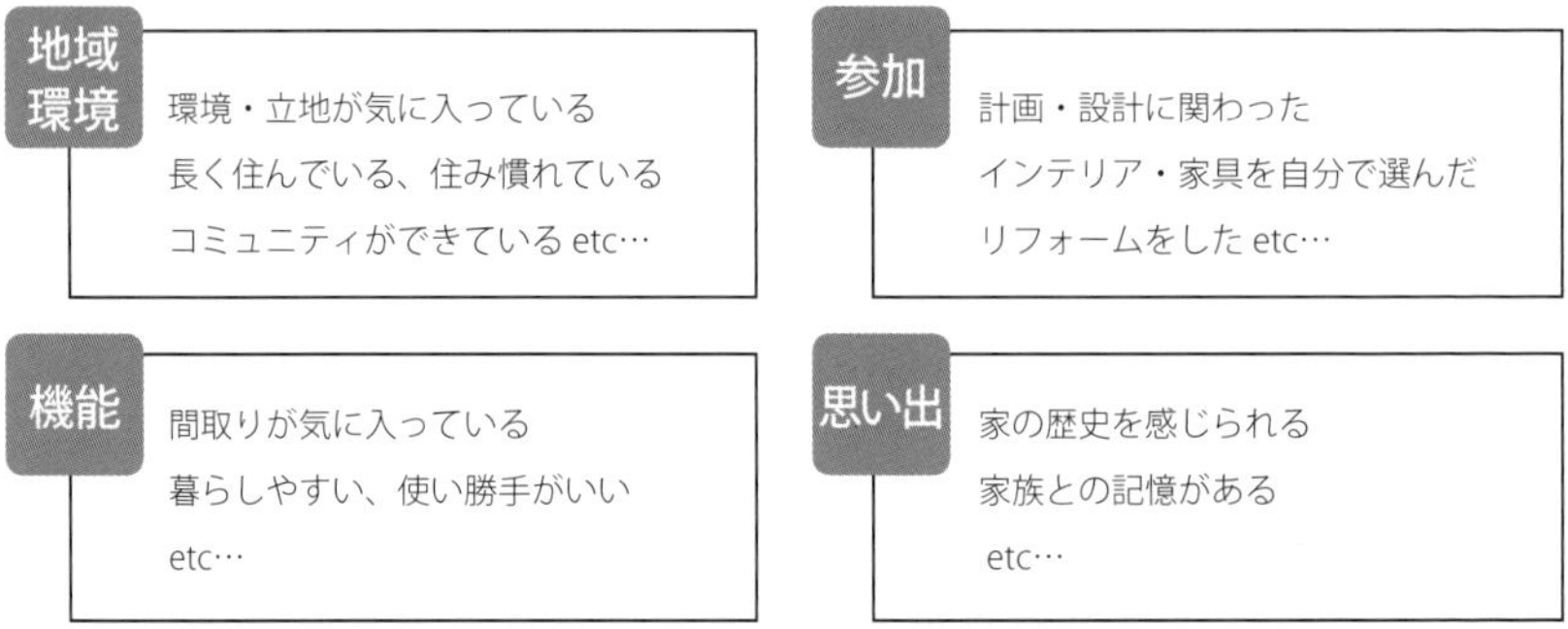
地域環境
環境・立地が気に入っている
長く住んでいる、住み慣れている
コミュニティができている etc…
参加
計画・設計に関わった
インテリア・家具を自分で選んだ
リフォームをした etc…
機能
間取りが気に入っている
暮らしやすい、使い勝手がいい
etc…
思い出
家の歴史を感じられる
家族との記憶がある
etc…

図 2-6　愛着増加の要因キーワード

きく変わってくる。

特に設計・建築時の関与は、愛着を育むタネとなる〝お気に入り／favorite〟に直結し、愛着を持って長く住み続けるうえで非常に重要な役割を果たす。

また「機能」は暮らしやすい間取りや使い勝手の良い設備類などの選択がポイントになるが、これも「参加」によって自身の生活スタイルなどを住まいに反映することが大切になる。

「思い出」もまた同様で、たとえば家族行事を印象的に行える空間の工夫や記念となる写真やグッズのディスプレイ方法、使い込むほどに味わいを増す素材の選択など、設計・建築時の関与によって高められる要素も多い。

そして、この住まいづくりのプロセスへの関与は、住まい手だけが努力するものではなく、住まいのつくり手側からの対話や提案行為など、積極的な働きかけが必須となる。

住まい手とつくり手の共同作業によって、愛着が醸成される住まいは生まれるのである。

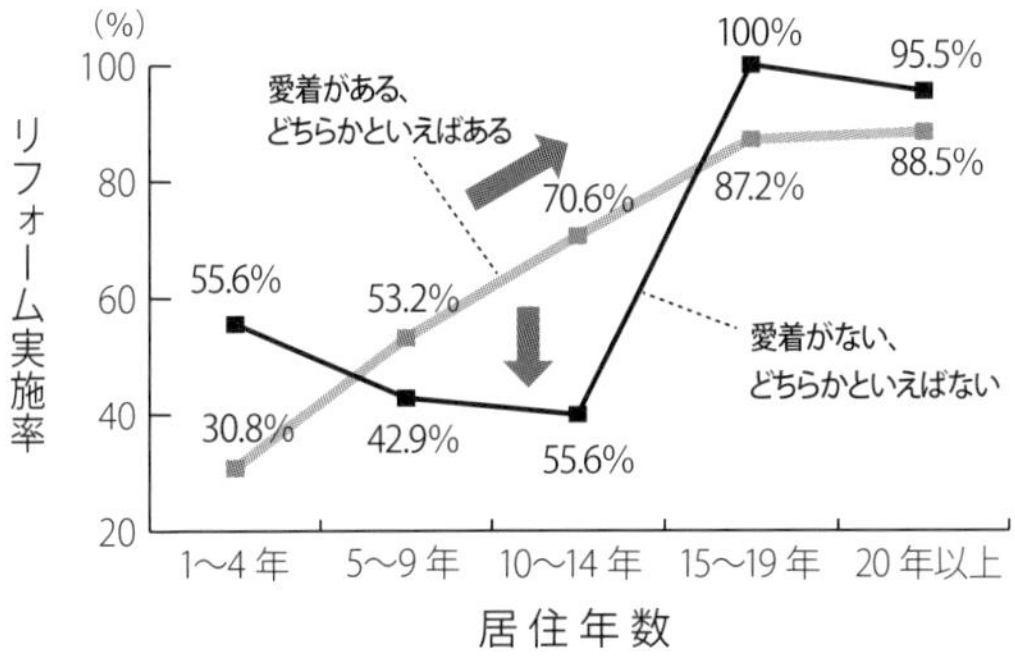

出典：積水ハウス「住まいへの愛着アンケート調査」(2006年)

図2-7　愛着の有無とリフォーム実施率

愛着とリフォーム

「参加」という要因において、最も象徴的で顕著な効果を上げるのがリフォームである。前章で記したように、住まい手の生活や価値観は年月によってさまざまに変化する。住まい自体も老朽化対処だけでなく、住まい手の変化に寄り添うことで長期居住・愛着の醸成を叶える存在となる。その住まい手に寄り添うリフォームこそ、「参加」によって成し遂げられるものである。

　これまでの暮らしで体験してきた不具合や使い勝手の悪さはもちろん、現居での心地よさや暮らしやすさといった一層高めたい部分など、それをいちばん良く知っているのは住まい手であり、これからの生活変化を想定できるのも住まい手自身である。それを「参加」によって伝え、専門家のノウハウを引き出して反映・好転させることが、さらなる長期居住・愛着の醸成につながる。

　実際に愛着のある住まいは、必要に応じてリフォームを重ねていることが多く、5年単位で実施率が比例的に上昇する（**図2-7**）。これは住まい取得時に関与・参加した意識が居住後も継続され、住まいに関わっていく姿勢がリフォーム実施となって現れていると考えられる。

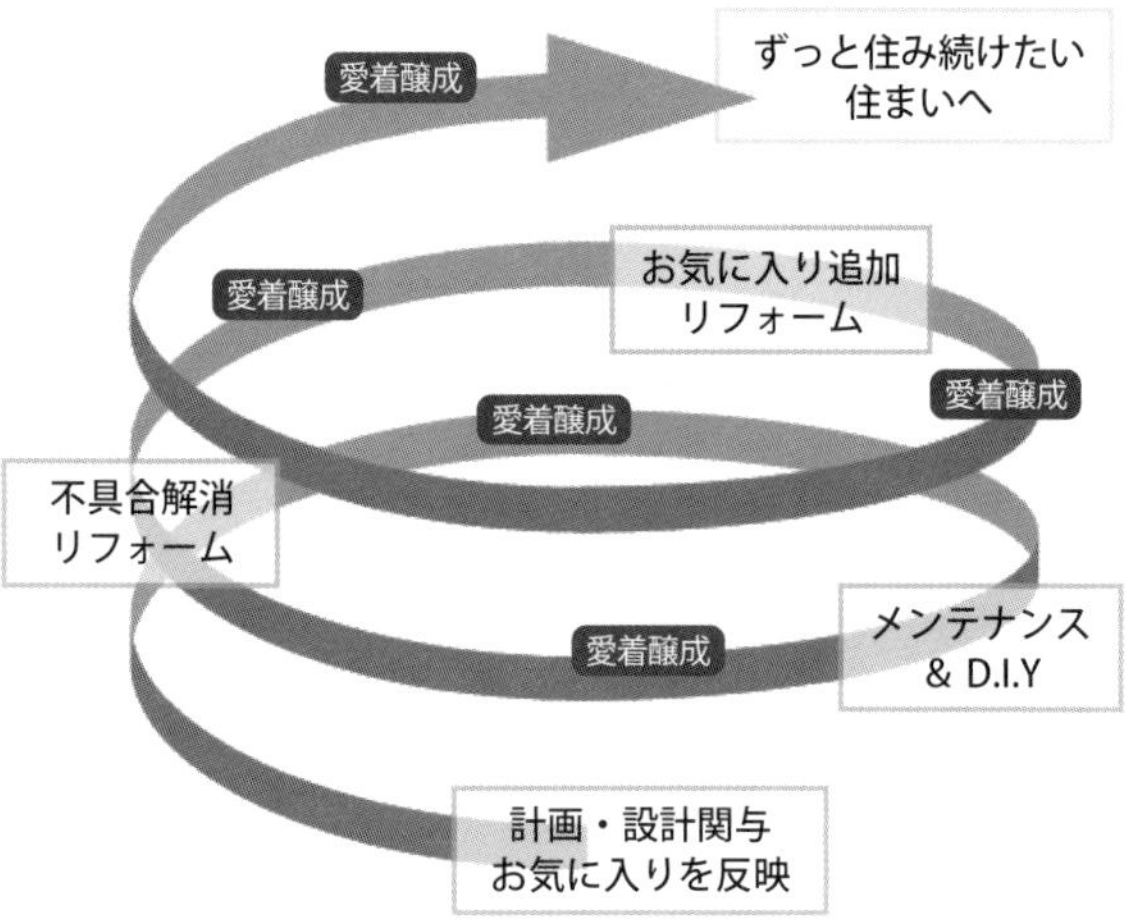

図 2-8　リフォームを介した愛着醸成の好循環

逆に愛着のない住まいは、居住開始4年目までのリフォーム率が50%を超え、15年以降まで実施率が低下したままである。これは入居時に不満があり、初期に不具合を解消したためと推測される。その後、15年目以降に物理的な不具合のため、やむを得ずリフォームに至ったことが伺える。

ただ、リフォームでは単なる不具合の解消だけでなく、愛着を醸成する要素（お気に入り）を埋め込むことができる点に着目したい。愛着を感じにくい住まいから、愛着を芽生えさせ育んでいける住まいへ、リセットする機会として捉えることが重要ではないだろうか。

愛着があるからリフォームする、リフォームによって新たな愛着が芽生え、さらに愛着が醸成されていく。そんな相乗効果のある好循環を描ける可能性を秘めたリフォームは、愛着を持って長く住み続ける住まいの必須要件と考えるべきである（図2－8）。

第三章　愛着の芽生えと育み

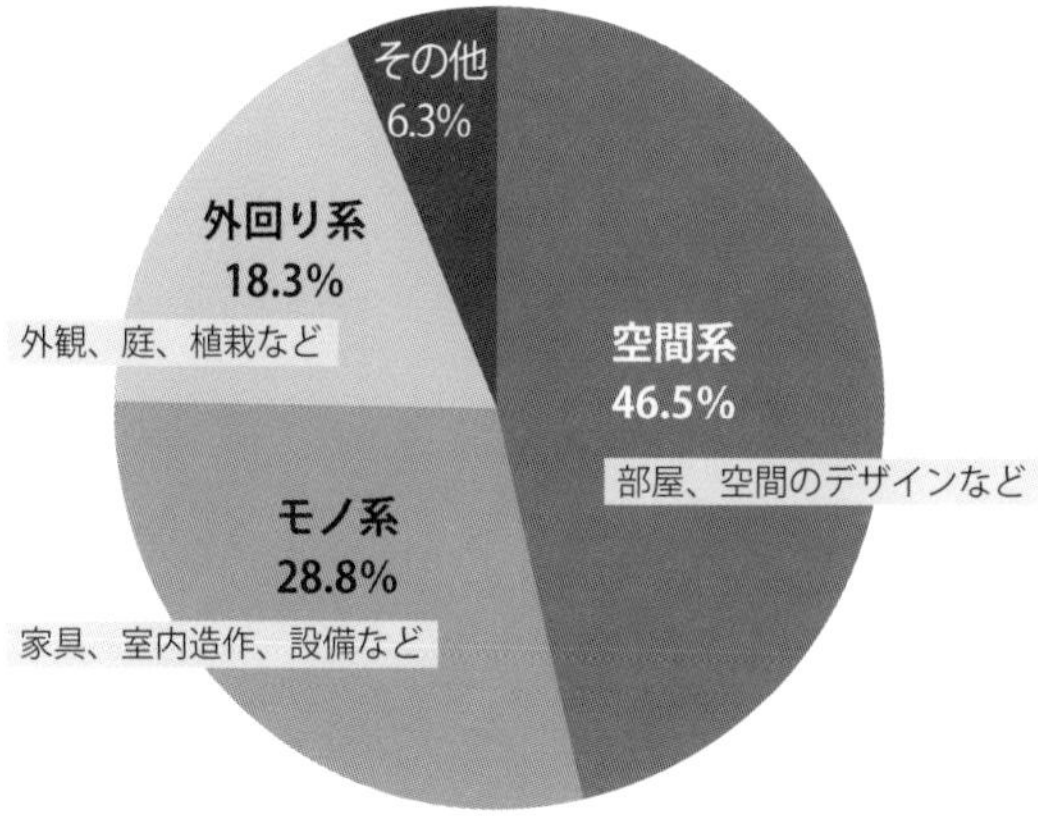

出典：積水ハウス「愛着写真調査」（2008 年）（n=58）

図 3-1　愛着を感じている部分

住要素から見た愛着

生活者は住まいのどういった部分に愛着を持つのだろうか。以前に行った調査をベースに空間系・モノ系・外回り系に大きく分類してみた。部屋やそのデザインなどの空間系が半数近くを占め、次いで家具や設備などのモノ系、外観を中心とした外回り系という順に愛着を感じている（愛着対象になりやすい）ことがわかる（**図3－1**）。これは日々の生活シーンに密接に関わる場所・モノという面からの結果だと考えられる。

　空間系について調査を進めると、圧倒的にリビングが愛着対象となりやすいことがわかった（**図3－2**）。ここでは、リビングが単に住まいのメイン空間であるという物理的側面でなく、そこで繰り広げられる暮らしの営みの多彩さにこそ着

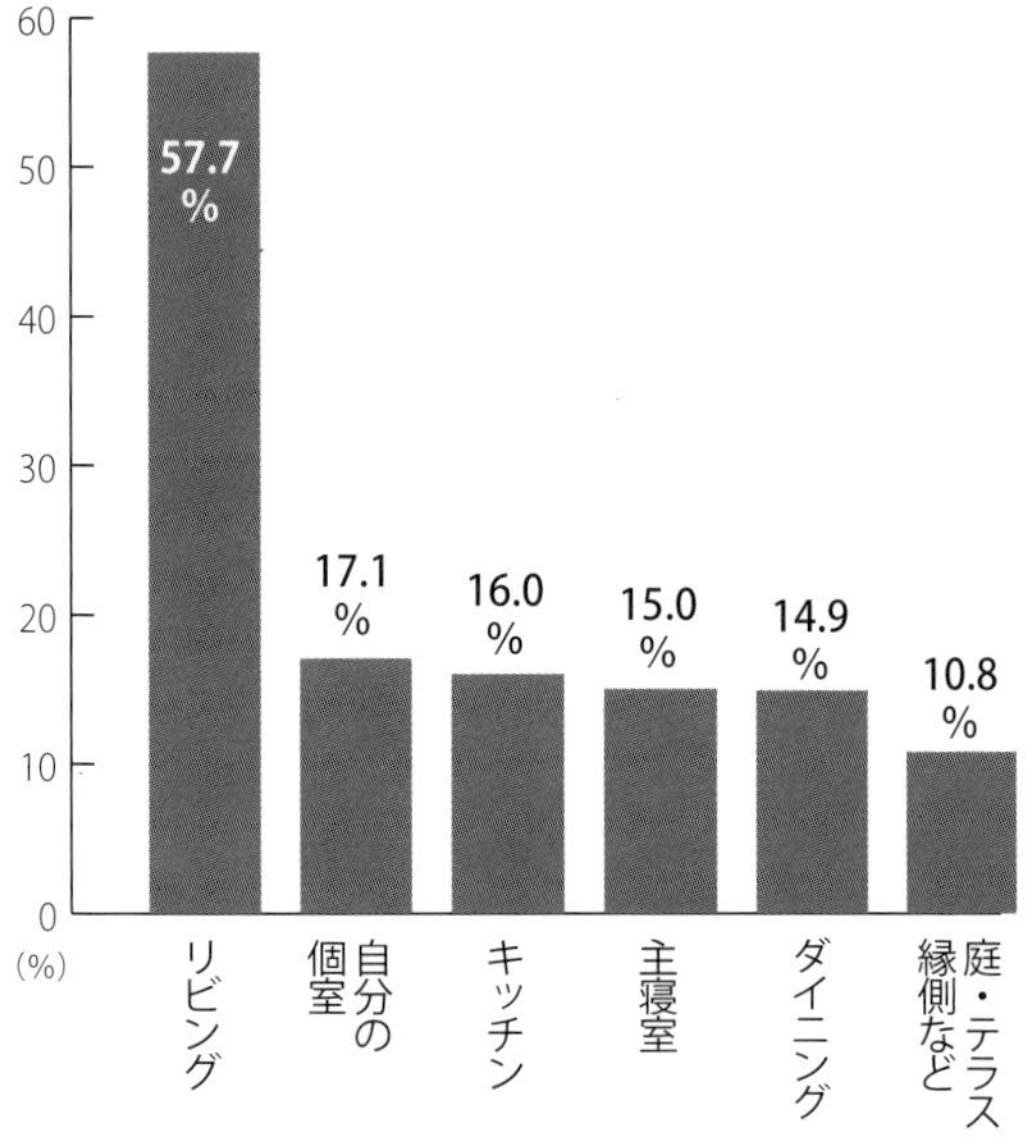
60
50
40
30
20
10
0
(%)
57.7%
17.1%
16.0%
15.0%
14.9%
10.8%
リビング
自分の個室
キッチン
主寝室
ダイニング
庭・テラス縁側など

出典：積水ハウス「愛着のある住まいの調査」（2023年）（n=2056）

図3-2　愛着のある空間・場所（上位6箇所）

目したい。日常的に家族がくつろぎ集うのはもちろん、季節の催事やファミリーイベントの場ともなり、知人・友人との交流や親戚の集まりなどが行われる場でもある。そのようなさまざまな生活シーンが刻まれていくのがリビングであり、生活者の記憶（思い出）の背景となることが、愛着の対象空間として最も適っていると言える。

住まいへの愛着は、経年による醸成という視点が重要であり、まさにリビングはその鍵を握る空間である。

実際の調査でも、愛着が増加する割合が最も高い空間がリビングであるという結果が出ており、愛着が増す理由調査では〝思い出〟をキーワードに挙げる生活者が多くいる（**図3－3**、**図3－4**）。

そして、愛着が醸成されやすいリビングにとって欠かせない条件となるのが広さである。多彩な生活シーンを受け止める空間許容力・生活対応力のベースとなるのが広さであり、調査結果に基づくと愛着ありが85％を超える20畳以上の確保が望ましいと言える（図3－5）。

また、モノ系（インテリア）について詳細調査を行うと、家具・家電・照明・インテリア小物などが愛着対象の上位として挙げられた（図3－6）。最も回答数の多かった家具は、使い込むことで味わいが増したり、わが家らしい風景として暮らしに馴染むといった面が、その理由として推測できる。

くつろぐだけでなく、多彩な生活シーンが描かれるリビング。
その一つひとつが家族との思い出となって愛着が深まっていく。

住まい手のお気に入りとして空間に反映される家具や飾り小物。
愛着を醸成し、思い出の背景ともなる重要な要素となる。

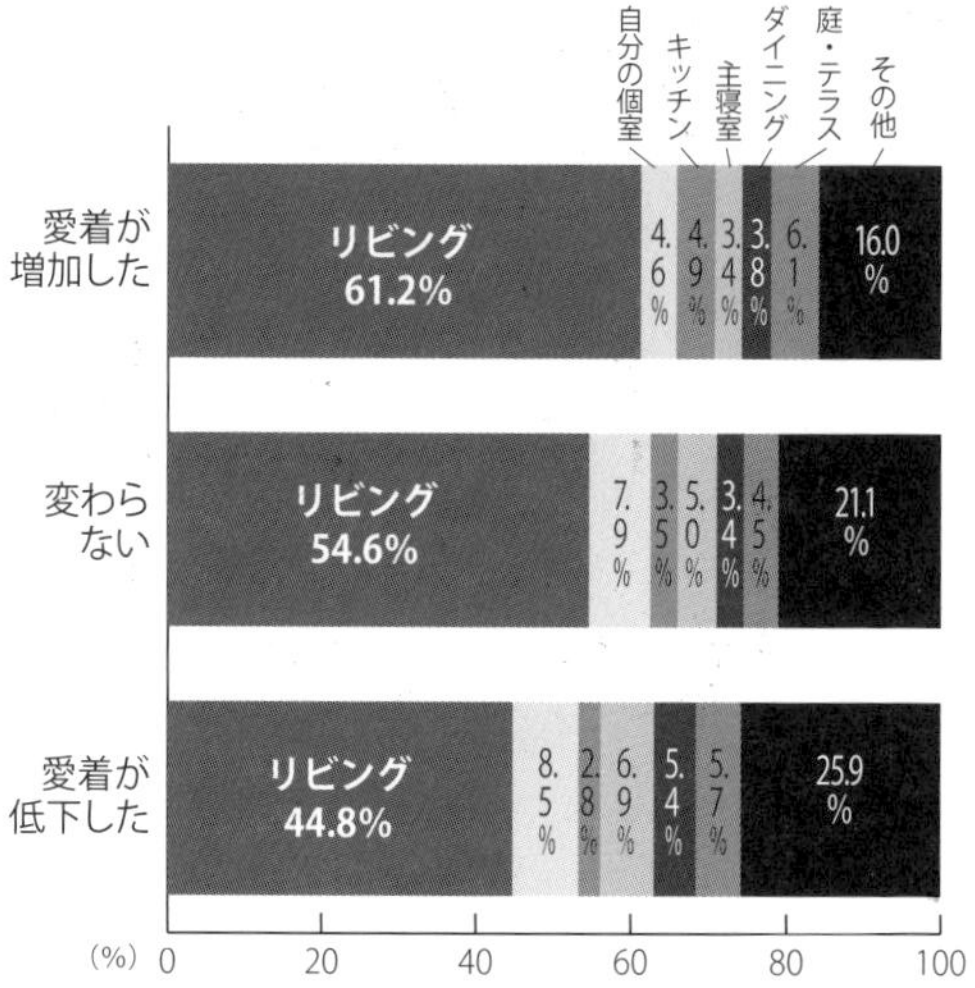

出典：積水ハウス「お客様アンケート調査」（2020 年）

図 3-3　愛着の増加／空間比較

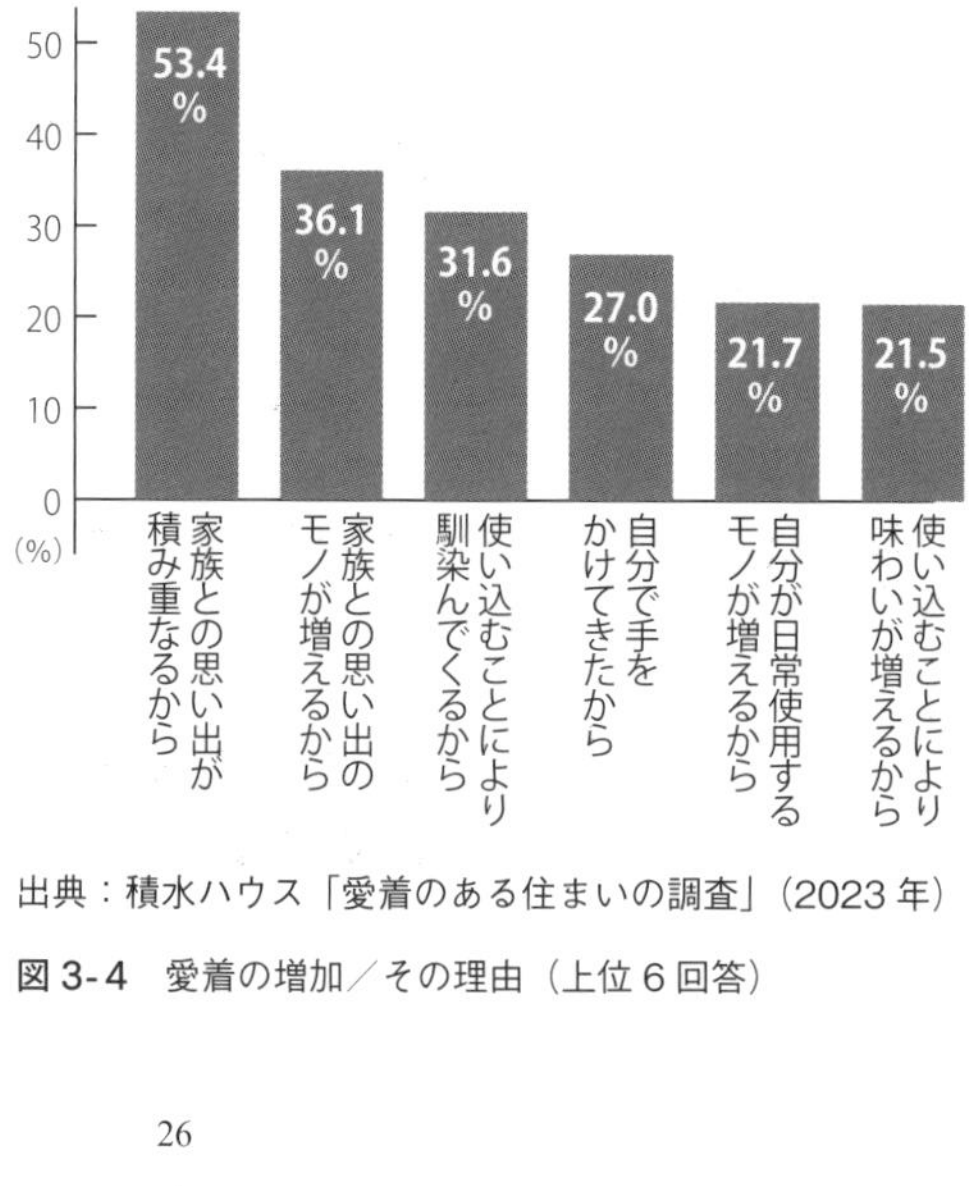

出典：積水ハウス「愛着のある住まいの調査」（2023 年）

図 3-4　愛着の増加／その理由（上位 6 回答）

家電は〝自分で手入れしながら長く使っているモノ〟の回答トップでもあり、※〝手をかける・関与する〟という面が愛着につながっていると考えられる。

※積水ハウス「愛着のある住まい調査」（2023年）別設問の回答より。

　このモノ系においても空間系と同じく〝経年による醸成〟という視点を重視したい。前述の家具がそうであり、6番目にランクインした床材も該当要素である。現在の住まいの床材は木製フローリングが主流であり、特に近年は自然木を活かした無垢材や挽板材の仕上げが人気を集めている。以前は

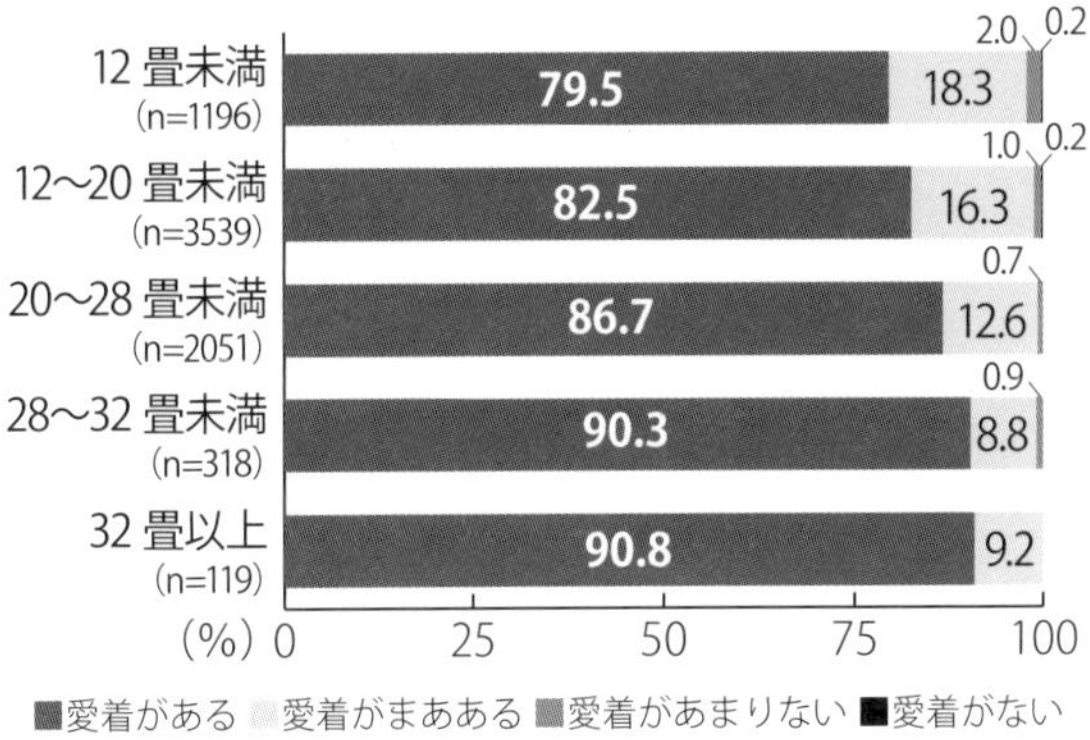
12畳未満 (n=1196)
79.5
18.3
2.0
0.2
12～20畳未満 (n=3539)
82.5
16.3
1.0
0.2
20～28畳未満 (n=2051)
86.7
12.6
0.7
28～32畳未満 (n=318)
90.3
8.8
0.9
32畳以上 (n=119)
90.8
9.2
(%) 0 25 50 75 100
■愛着がある ■愛着がまあある ■愛着があまりない ■愛着がない

出典：積水ハウス「お客様アンケート調査」（2020年）

図3-5　愛着とリビング広さ

新築時の状態を維持しやすいことが価値とされたが、今は歳月によって風合い・味わいが増す＝家族の暮らしが刻まれていくことを価値とする捉え方へと変化してきている。

そして、この経年価値（風合い変化・味わい増加）に大きく影響するのが空間やモノを構成する素材である。より自然な経年変化を得るには、木・石・土・紙などの自然素材に勝るものはなく、日本の気候風土に合った素材を用いるのが理想と言えるだろう（**図3－7**）。

生活意識から見た愛着

住まいは住まい手が暮らしを営むことで、本来の住まいとして成立するものである。たとえ建物自体に愛着を醸成する要素が備えられたとしても、生活者の暮らし方・考え方などによってその有効性は左右されると言えるだろう。そこで、住まい手の生活意識と住まいの愛着との関係性を考察していくこととする。

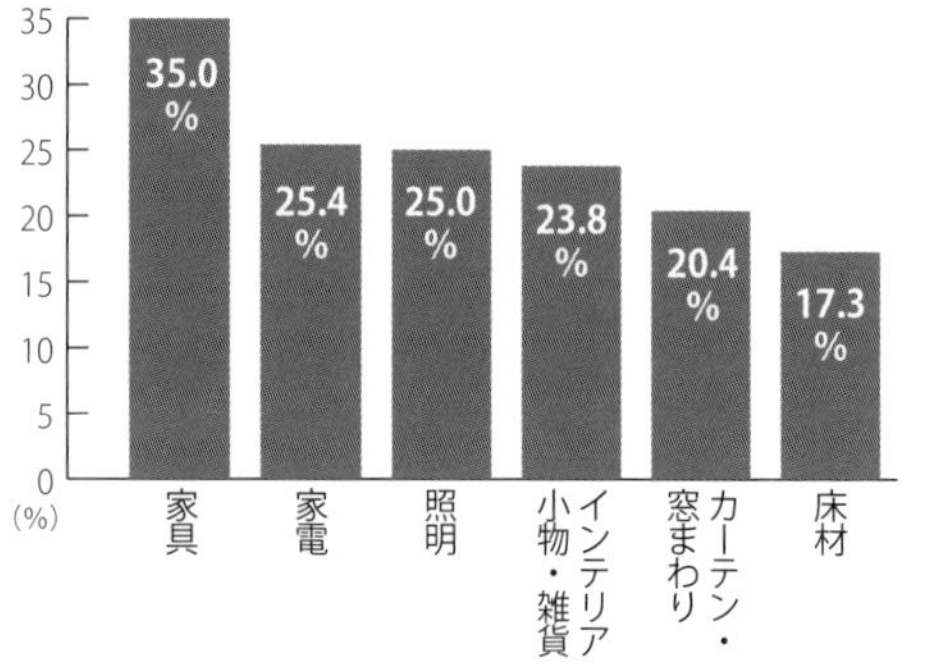

出典：積水ハウス「愛着のある住まいの調査」（2023 年）

図 3-6　愛着を感じるモノ（上位６回答）

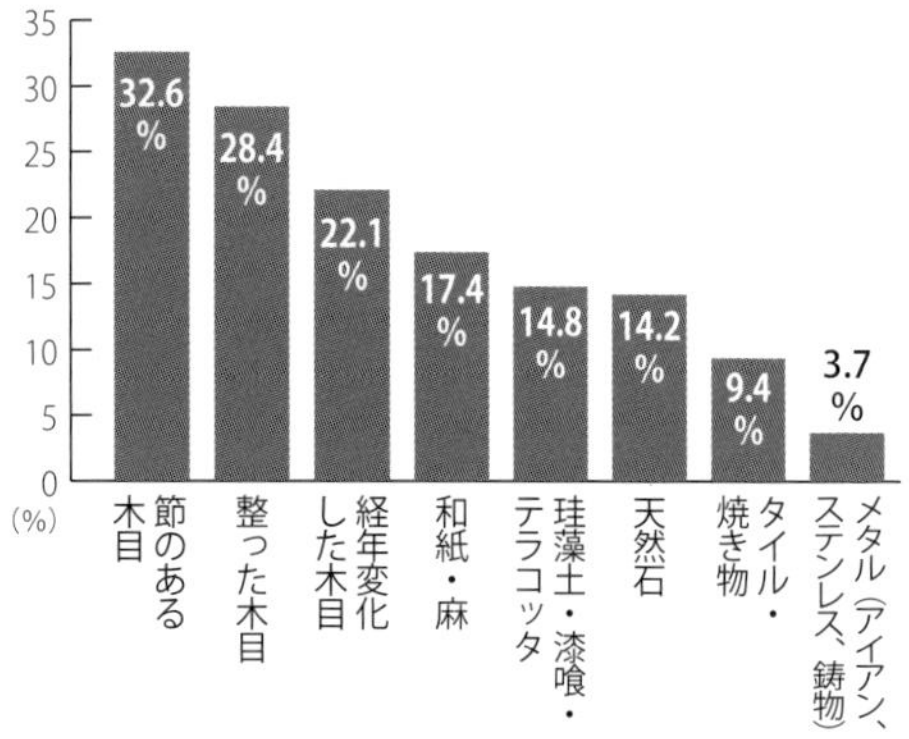

出典：積水ハウス「愛着のある住まいの調査」（2023 年）

図 3-7　愛着につながると思う素材（上位８回答）

まず、生活者は住まいや暮らしに対してどのような意識を持っているのだろうか。調査によると〝できるだけ便利で快適な暮らしがしたい〟がトップで、特に女性においては家事の省力化を筆頭に快適性・利便性への思いが強く、生活を楽しむことやインテリアにこだわることなど、住まいや暮らしに対する関心の高さが顕著である。

次にこの生活意識を住まいへの愛着との関係性で見ると、愛着の有無で意識に差のある項目が浮かび上がった。前述の生活を楽しむ、インテリアにこだわるといった意識をはじめ、家族・家庭重視、整理整頓、修理によるモノの長期使用などの項目が目を引く。さらに総数は少ないが、季節行事やホームパーティの実施なども特徴的で、集約すると〝生活への積極性〟が愛着の有無に関わっていると読み取れる（**図３－８**）。

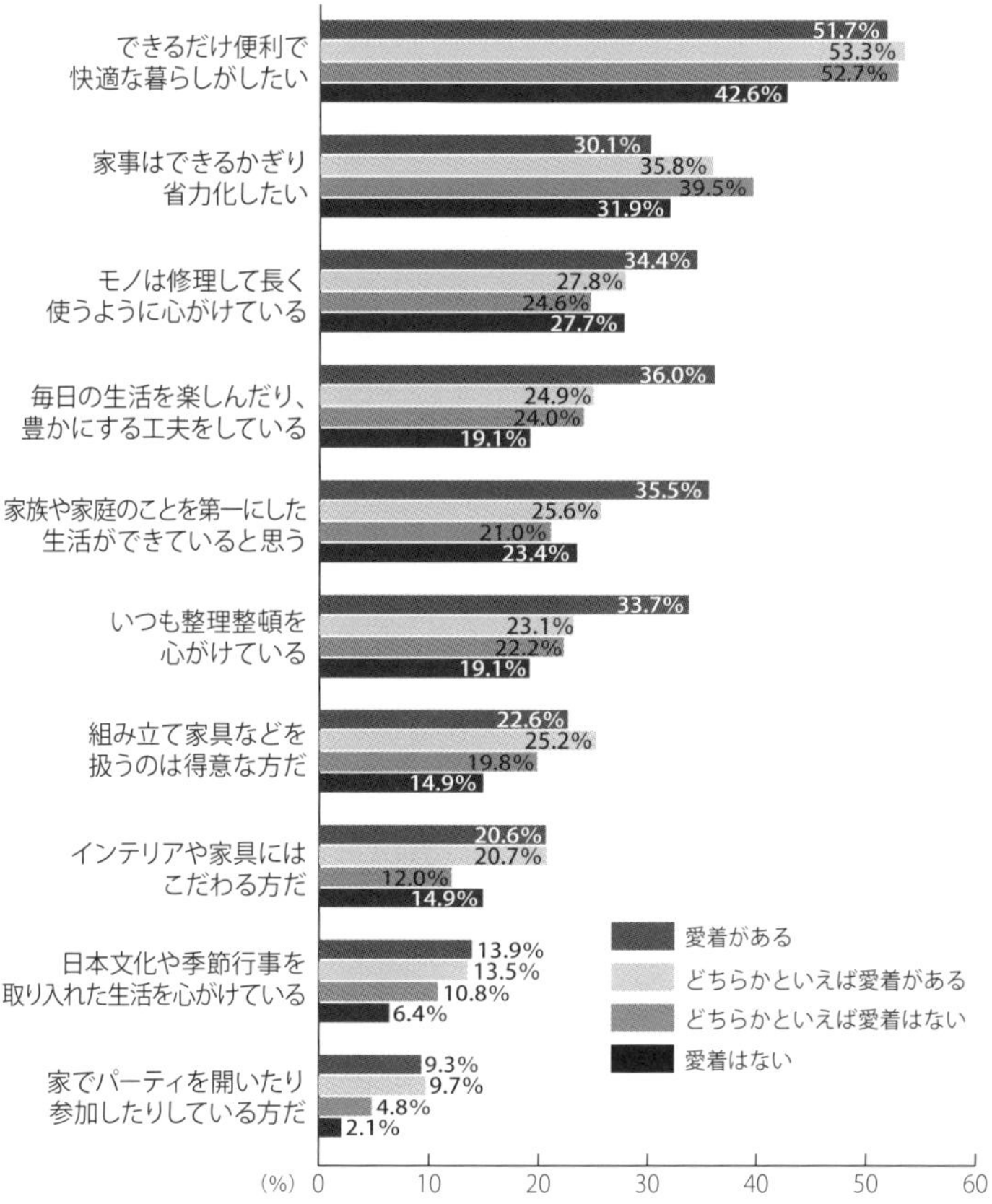
できるだけ便利で
快適な暮らしがしたい
51.7%
53.3%
52.7%
42.6%
家事はできるかぎり
省力化したい
30.1%
35.8%
39.5%
31.9%
モノは修理して長く
使うように心がけている
34.4%
27.8%
24.6%
27.7%
毎日の生活を楽しんだり、
豊かにする工夫をしている
36.0%
24.9%
24.0%
19.1%
家族や家庭のことを第一にした
生活ができていると思う
35.5%
25.6%
21.0%
23.4%
いつも整理整頓を
心がけている
33.7%
23.1%
22.2%
19.1%
組み立て家具などを
扱うのは得意な方だ
22.6%
25.2%
19.8%
14.9%
インテリアや家具には
こだわる方だ
20.6%
20.7%
12.0%
14.9%
日本文化や季節行事を
取り入れた生活を心がけている
13.9%
13.5%
10.8%
6.4%
家でパーティを開いたり
参加したりしている方だ
9.3%
9.7%
4.8%
2.1%
愛着がある
どちらかといえば愛着がある
どちらかといえば愛着はない
愛着はない
(%) 0 10 20 30 40 50 60

出典：積水ハウス「住まいへの愛着アンケート調査」(2006 年)

図 3-8　愛着の有無と生活意識

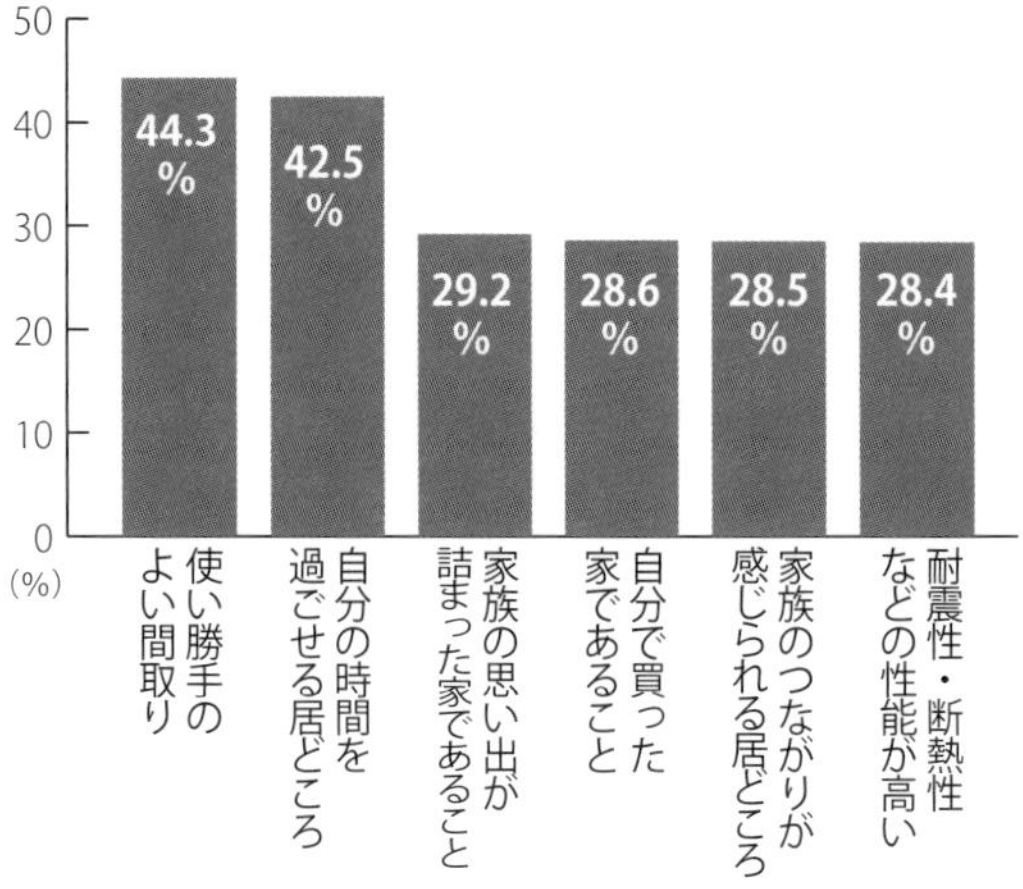

出典：積水ハウス「愛着のある住まいの調査」（2023 年）

図 3-9　愛着の持てる住まいの条件（上位 6 回答）

これは、第二章で記した「住まいの取得時への関与が愛着を左右する」という面にも通じる。日々の生活にいかに関与するか、その関わり度合いや積極的な姿勢・行動が愛着に結びつくと考えられる。

住みごこち、住みこなし、住みごたえ

生活意識のトップに挙がった〝できるだけ便利で快適な暮らしがしたい〟は、〝住みごこちの良い住まい〟に直結する。生活者に聞いた「愛着の持てる住まいの条件」でも〝使い勝手のよい間取り〟が70％近くを占める（**図3－9**）。

〝住みごこち〟は、快適性・利便性・安全安心などの住まいの基本性能と言えるものだが、住まい手のライフステージ変化や加齢への配慮といった経年変化の側面も忘れてはならない。たとえば、子育て期と大人家族期では暮らしやすさや安全性の配慮ポイントも異なり、生活者の高齢化においても同じである。長く住み続ける住ま

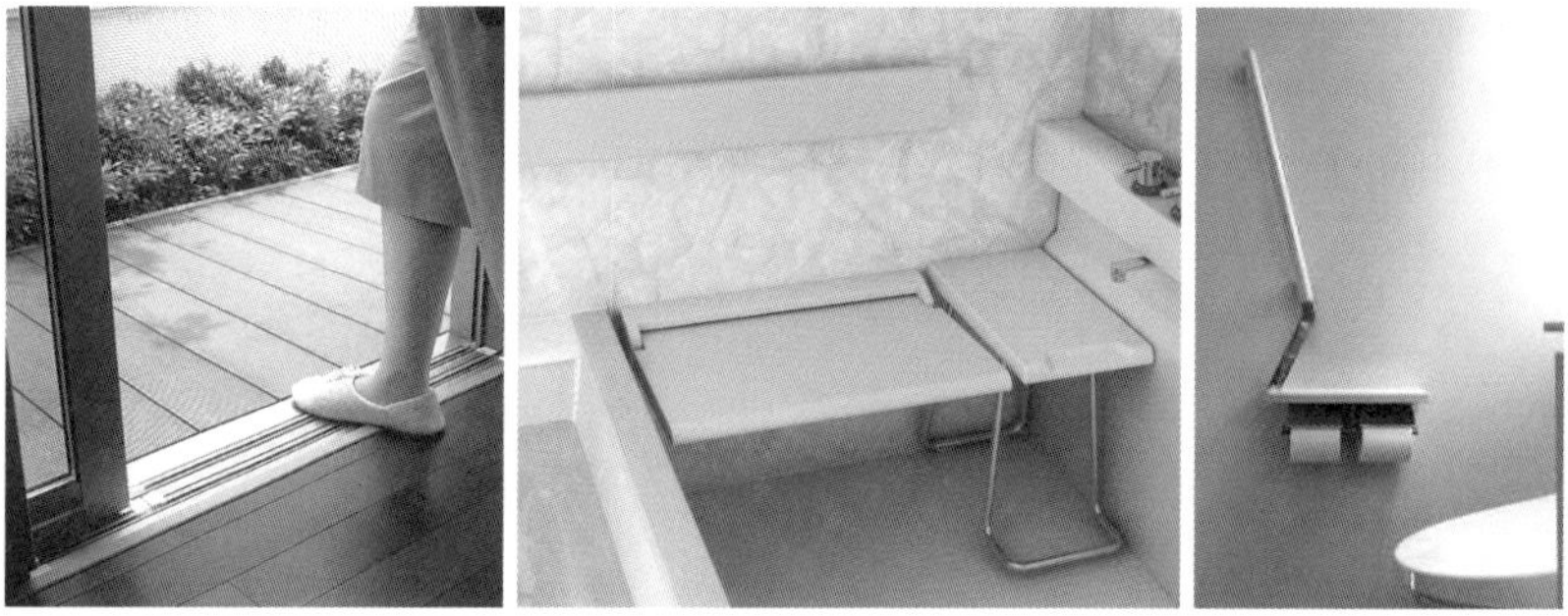

つまずきを防ぐ段差のないサッシ（写真左）や、入浴しやすいベンチ付き浴槽（写真中）、姿勢が保ちやすいトイレ手すり（写真右）など、ユニバーサルデザインも欠かせない要件。

いの〝住みごこち〟を高めるためには、誰もが快適・便利に過ごせ、安全・安心に暮らせる「住まいのユニバーサルデザイン」も欠かせない要件となる。

そして、長く住み続ける間にはライフスタイルも変化し、必要とする空間が変わったり、インテリアの好みなども違ってくる。その変化に合わせて住まい手自身が工夫を重ねて〝住みごこち〟を維持する行動が〝住みこなし〟である。

間仕切りや家具配置の変更などによる時々の暮らし方にマッチした空間づくり、D・I・Yや内装リフレッシュなどによる好みに添ったインテリアづくり、設備の更新による暮らしやすさの向上といったことが考えられ、場合によってはリフォームにも至るが、この行動こそ前項で述べた「住まいと生活への積極的な関与」となり、愛着を醸成する極めて重要なポイントとなる。

〝住みごこち〟は住まいが生活者に働きかけるもの（提供するもの）であり、〝住みこなし〟は生活者が住まいに働きかけること（住まいへの関与）だと言える。この相互の良好な働きかけが成立することによって生まれるのが〝住みごたえ〟である（図3－10）。

〝住みごたえ〟のある住まい。それは〝住みごこち〟を高水準で担保

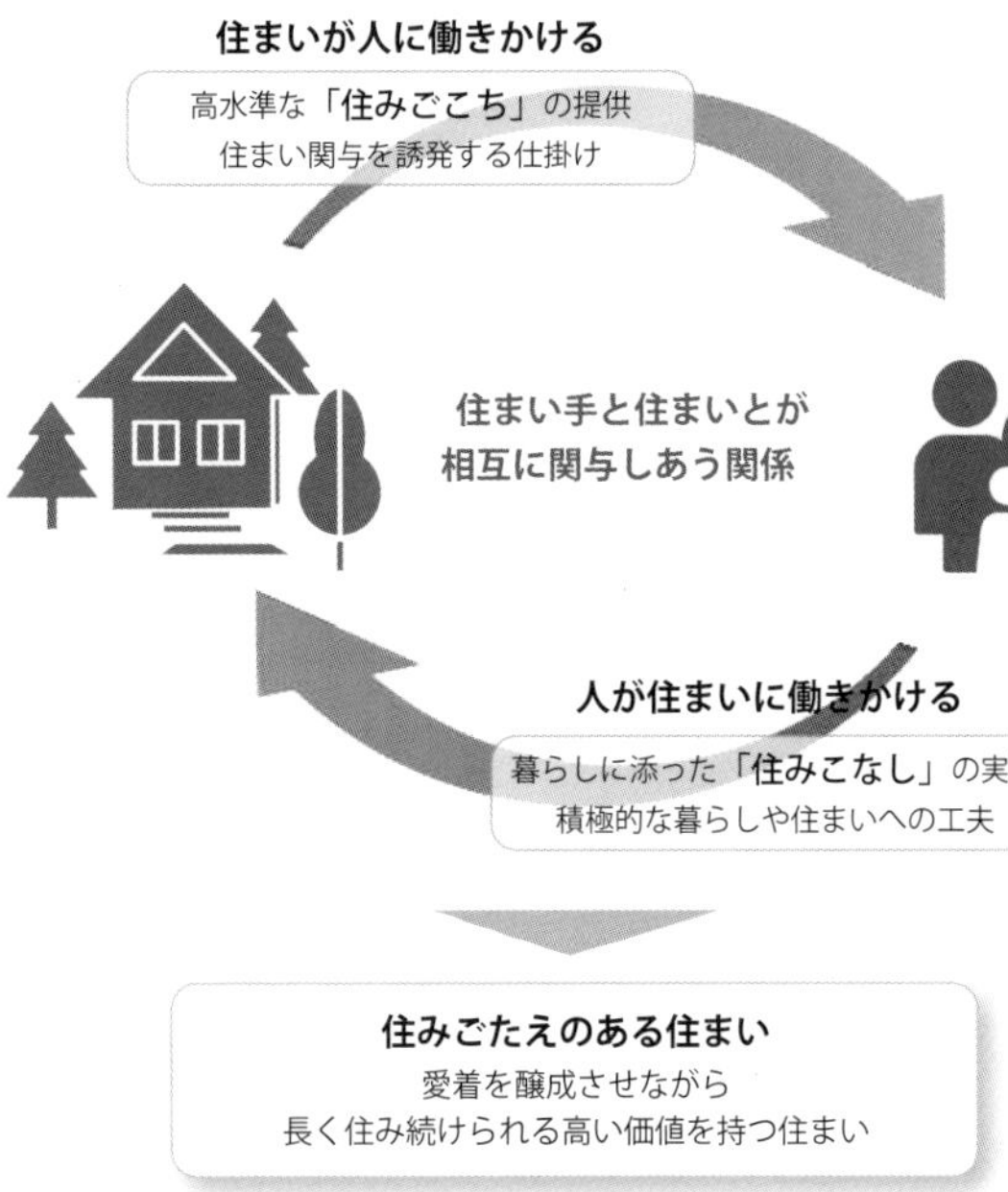
住まいが人に働きかける
高水準な「住みごこち」の提供
住まい関与を誘発する仕掛け
住まい手と住まいとが
相互に関与しあう関係
人が住まいに働きかける
暮らしに添った「住みこなし」の実践
積極的な暮らしや住まいへの工夫
住みごたえのある住まい
愛着を醸成させながら
長く住み続けられる高い価値を持つ住まい

図3-10　愛着が醸成される構図

しつつ、生活者の〝住みこなし〟に柔軟に対応できる＝住まい手の暮らし方・考え方に呼応し続ける住まいだと言える。たとえば、建物の構造に影響されずに間取りを変えることができれば、家族構成の変化に合わせた〝住みこなし〟もスムーズに行えるであろう。また、大きなワンルームを自由に区切ったり広げたりできれば、家族の多彩な生活シーンを思う存分に描くことができ、それをわが家の思い出として刻み込みながら住み続けていける。

実はこの住まいの在り方は、建具の取り付け・取り外しで空間を自在に使いこなした日本家屋のつくりようにも通じ、その考え方を現代に生かした一例として、積水ハウスの「ファミリー スイート」という空間づくりが挙げられる（**図3－11**）。

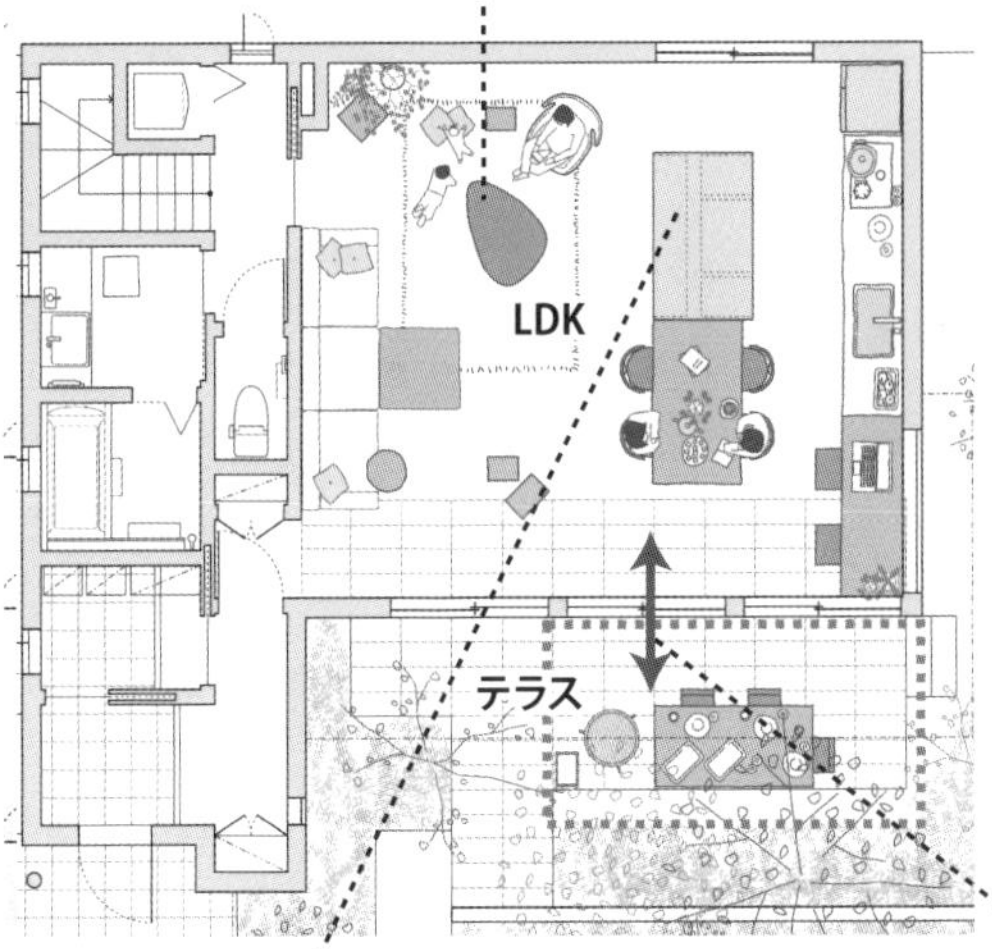

幼い子どもたちと過ごすならフロアライフが有効。
子どもたちが成長していけば、広々としたワンルームの好きな場所にお気に入りのソファを配置して、大人リビングへとスムーズに住みこなせる。

柱や壁のない LDK ワンルームなら、大きなダイニングテーブルの配置も思いのままに検討できる。
ビッグテーブルは子どもの勉強やホームパーティ、趣味を楽しむ場など、多目的に使いやすく、家族の思い出のシーンを豊かに彩る役割を果たす。

軒下に設けたテラスを室内と一体化した広々とした空間づくり。
半戸外スペースがあれば、室内では楽しみにくいさまざまな住みこなしにも対応しやすい。

出典：積水ハウス「ファミリー スイート」

図 3-11　住みごたえのある住まいづくりの例

歳月とともに風合い・味わいを深めていく。経年美化は愛着を育み、唯一無二の価値となる。

老朽化と経年美化

歳月に伴って家族が変化すると同時に、住まい自体（建物）にも変化は生じる。その住まいの経年変化を〝老朽化〟と捉えるだけでは、愛着を持って長く住み続けることにはつながらない。

たしかに、快適・便利な暮らしを支える機能的要素（設備機器など）の老朽化は必然であり、技術の進化などによって価値が低下することも止むを得ないが、歳月を経てこそ生まれる味わいや風合い＝〝経年美化〟を大きな価値として捉えることが必要と言える。

たとえば、暮らしの中で家族の手足が触れることで少しずつ目が浮き立っていく木の床や柱、光や温度湿度の変化を重ねて色合いや風合いが増していく壁や建具、丁寧に使い込まれた家具や暮らしの道具、自然の光や雨風によって景色を深めていく屋根瓦や外壁、庭の樹や石。それらは、わが家の唯一無二の価値となり、愛着を醸成していくものになるのではないだろうか。

経年によって老朽化する要素には定期的な更新を行うことで更新対応力を高め、経年美化によって価値を高める要素には味わい・風合いの増す素材などを用いるとよい。

愛着を醸成しながら長く住み続けるには、老朽化（定期的に更新する要素）

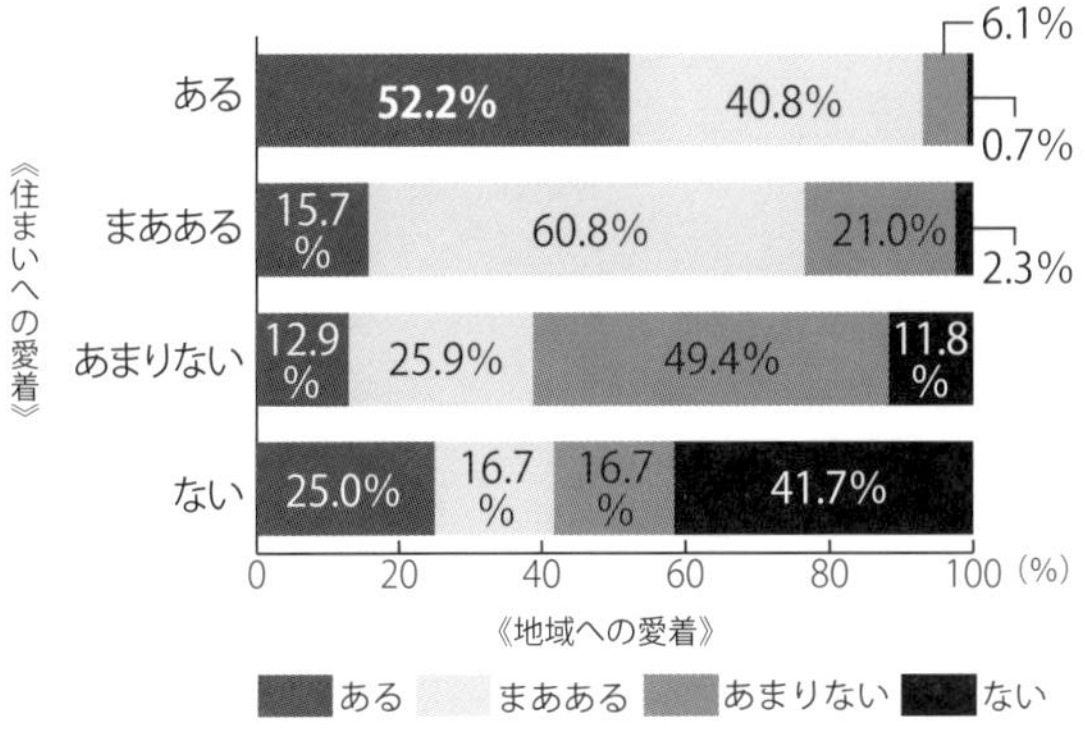
《住まいへの愛着》
ある
まあある
あまりない
ない
52.2%
40.8%
6.1%
0.7%
15.7%
60.8%
21.0%
2.3%
12.9%
25.9%
49.4%
11.8%
25.0%
16.7%
16.7%
41.7%
0
20
40
60
80
100
(%)
《地域への愛着》
ある
まあある
あまりない
ない

出典：積水ハウス「お客様アンケート調査」（2020年）

図3-12　住まいへの愛着と地域への愛着

と経年美化（経年によって価値を増す要素）を見極めた住まいづくりが重要となる。

地域・環境への愛着

住まいへの愛着は、地域への愛着とも大きく関係する。調査によっても、住まいに愛着を持つ生活者の半数以上が地域に愛着があるとしており、実際に長く住み続ける理由として〝馴染みのある場所だから〟〝この街が気に入っているから〟と回答するケースが多く見られる（**図3－12**）。

ただ、地域への愛着＝住まいへの愛着ではなく、気に入った街（地域）に住み続けることを重視し、既存の住まいを取り壊して建て替えるケースも少なくない。この地域重視の住まい方に対して、一見、住まい自体は無力にも思えるが、実は住まいは地域の魅力そのものを向上させる側面も持っている。

たとえば、誰もが憧れるような地域は、生活利便性や自然環境の豊かさなどが備わっていると同時に、美しさや落ち着いて暮らせる雰囲気を持っているのではないだろうか。その街並みの風景・

雰囲気をつくり出す一要素が住まいであり（街の一員としての住まい）、地域の豊かな環境を維持・向上させるのは住まいの大きな役割でもある。

街並みとの調和を踏まえた建物の色やデザイン、季節の風景をつくる外構や庭、歳月とともに成熟していく佇まい。地域環境の価値を高める美しい住まいは、その地域になくてはならない存在となり、ずっと住み続けたいと思う存在となる。

また、地域への愛着はコミュニティへの慣れ親しみや利便性も大きく関わるが、そのコミュニティを豊かに育むのも地域に調和し近隣から愛される住まいがベースになるのではないだろうか。

街並みの豊かな成熟例
（コモンシティ星田／大阪府）

Before（竣工当初）

After（約 15 年後）

第四章 次代へと住み継がれる家

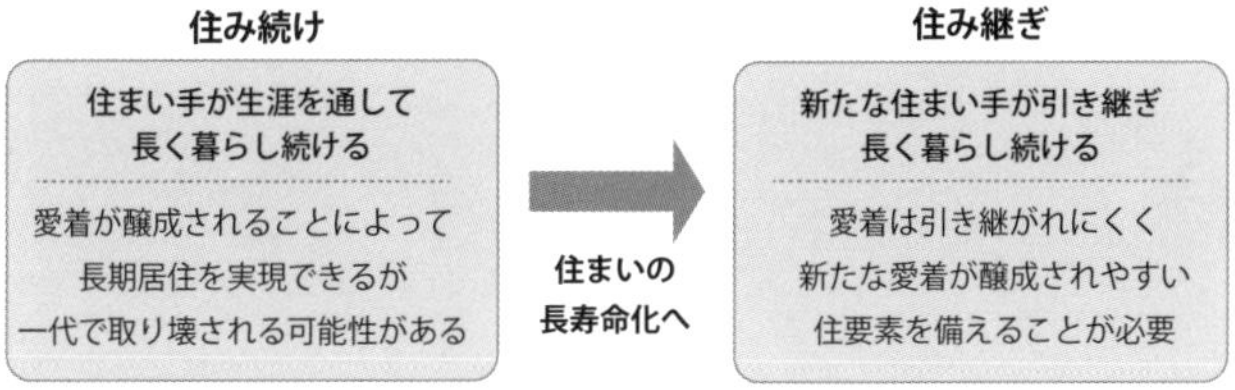
住み続け
住まい手が生涯を通して
長く暮らし続ける
愛着が醸成されることによって
長期居住を実現できるが
一代で取り壊される可能性がある
住まいの
長寿命化へ
住み継ぎ
新たな住まい手が引き継ぎ
長く暮らし続ける
愛着は引き継がれにくく
新たな愛着が醸成されやすい
住要素を備えることが必要

住み続けと住み継ぎ

住まいの取得時にその計画に積極的に関与し、お気に入りを備えた住まいにメンテナンスなどを通して手を掛け、時にライフスタイルやライフステージなどの変化に合わせてリフォームを行い、愛着を感じながら一つの住まいに長く住み続ける。これは、住まいと住まい手の理想的なストーリーの一つと言えるだろう。

しかし、価値観が多様化し、人生１００年時代と言われる現在において、住まいと住まい手の関係は長い年月を経ながら様々に描かれるのが当然である。ライフスタイル・ライフステージによって好ましい居住地域（都心↔郊外）や住宅形態（戸建住宅↔集合住宅）、所有形態（所有住宅↔賃貸住宅）などは異なり、一家族が一住まいと生涯をともにするストーリーを、住まいの長寿命化の定型と捉えるわけにはいかない。

時代を経ても取り壊されない住まいを考えるうえでは、〝住み続け〟と同

■ 生活者の住み継ぎストーリー（仮定シナリオ）と住み継がれる家

本書における“住み継ぎ”は、家が住まい手を変えながら住み継がれていくという捉え方をしている（＝建物視点）。ただ、生活者側から見れば、自身が人生の節目に合わせて、その時々にふさわしい家を選んで住み継いでいくことになる（＝生活者視点）。そこで生活者の住み継ぎストーリーの仮定シナリオを軸に、生活者視点・建物視点双方の捉え方・在り方を考察した。建物視点でみてみると、住み継ぎのタイミングでは次の住まい手にとっての客観的価値が大事になっていることがわかる。

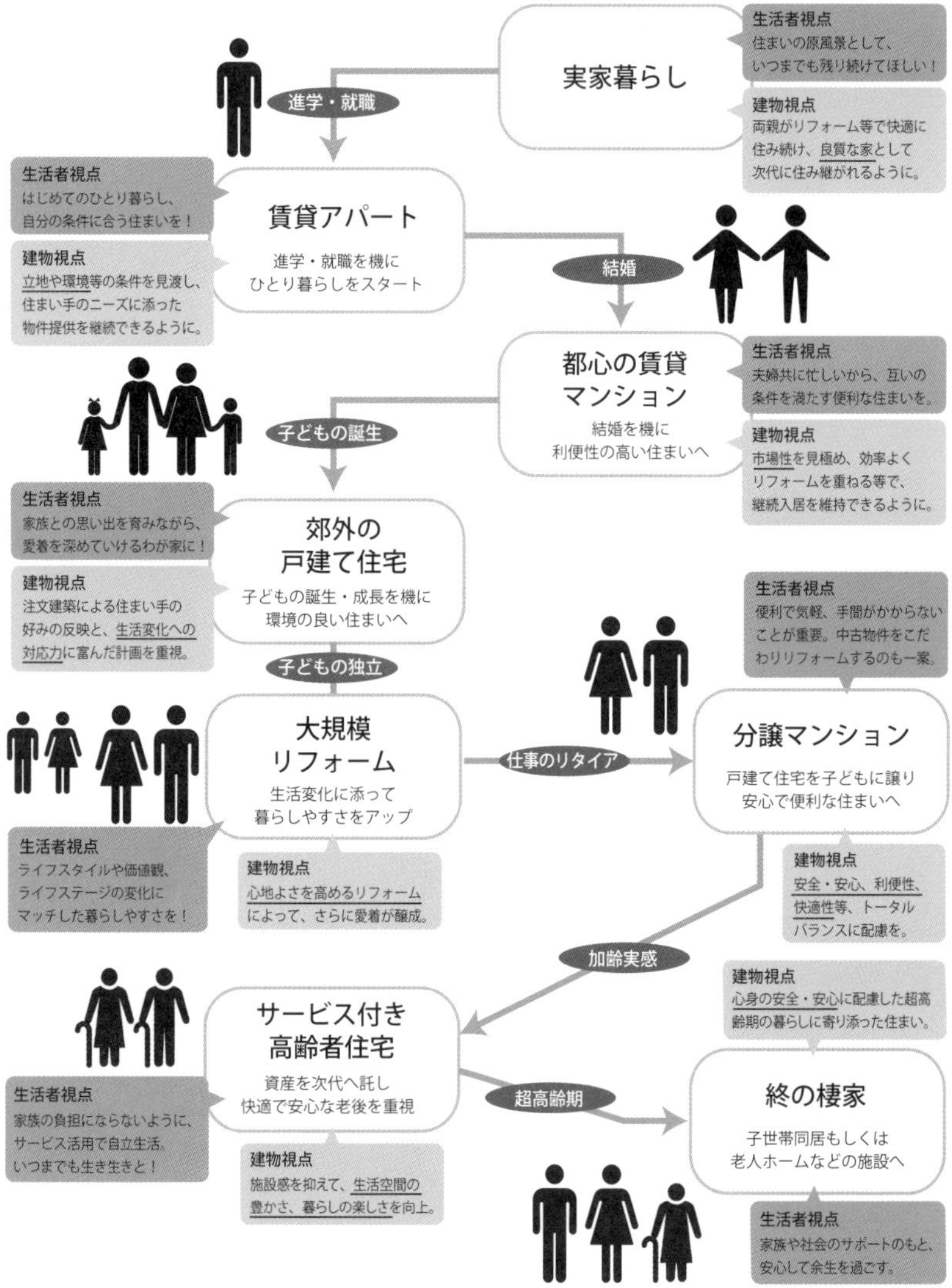

実家暮らし
生活者視点
住まいの原風景として、いつまでも残り続けてほしい！
建物視点
両親がリフォーム等で快適に住み続け、良質な家として次代に住み継がれるように。
進学・就職
賃貸アパート
進学・就職を機にひとり暮らしをスタート
生活者視点
はじめてのひとり暮らし、自分の条件に合う住まいを！
建物視点
立地や環境等の条件を見渡し、住まい手のニーズに添った物件提供を継続できるように。
結婚
都心の賃貸マンション
結婚を機に利便性の高い住まいへ
生活者視点
夫婦共に忙しいから、互いの条件を満たす便利な住まいを。
建物視点
市場性を見極め、効率よくリフォームを重ねる等で、継続入居を維持できるように。
子どもの誕生
郊外の戸建て住宅
子どもの誕生・成長を機に環境の良い住まいへ
生活者視点
家族との思い出を育みながら、愛着を深めていけるわが家に！
建物視点
注文建築による住まい手の好みの反映と、生活変化への対応力に富んだ計画を重視。
子どもの独立
大規模リフォーム
生活変化に添って暮らしやすさをアップ
生活者視点
ライフスタイルや価値観、ライフステージの変化にマッチした暮らしやすさを！
建物視点
心地よさを高めるリフォームによって、さらに愛着が醸成。
仕事のリタイア
分譲マンション
戸建て住宅を子どもに譲り安心で便利な住まいへ
生活者視点
便利で気軽、手間がかからないことが重要。中古物件をこだわりリフォームするのも一案。
建物視点
安全・安心、利便性、快適性等、トータルバランスに配慮を。
加齢実感
サービス付き高齢者住宅
資産を次代へ託し快適で安心な老後を重視
生活者視点
家族の負担にならないように、サービス活用で自立生活。いつまでも生き生きと！
建物視点
施設感を抑えて、生活空間の豊かさ、暮らしの楽しさを向上。
超高齢期
終の棲家
子世帯同居もしくは老人ホームなどの施設へ
建物視点
心身の安全・安心に配慮した超高齢期の暮らしに寄り添った住まい。
生活者視点
家族や社会のサポートのもと、安心して余生を過ごす。

時に〝住み継ぎ（住まい手の移行）〟への意識を高め、〝住み継ぎたい住まい、住み継がれやすい住まい〟とは何かいう課題に取り組むことが必要となる。

そして〝住み継ぎたい住まい、住み継がれやすい住まい〟を考えるにあたって、住まいへの〝愛着〟がプラスとマイナスの両面を持つことについて、次項であらためて捉え直してみる。

主観的価値と客観的価値

住まいへの愛着は、それを感じる住まい手からみた主観的価値であると捉えられる。間取りやデザイン、内外装の仕上げや家具・調度などのあらゆる部分にお気に入りとこだわりを反映し、家族や暮らしの思い出を刻んだ住まいは、〝大切にしたい、住み続けたい〟という強い思いを持つ住まいと言えるであろう。

ただ、その思いの強さや愛着の深さは、他者に引き継がれにくく、逆に〝住み継ぎ〟にあたってのマイナス要素となりがちでもある。お気に入りとこだわりを満載した住まいは、その住まい手には唯一無二の存在となるが、ともすれば個性的すぎて他の住まい手に受け入れられにくくなるケースも少なくない。

住み継ぐ他者が元の住まい手にゆかりのある場合は、その住まいが持つ個性や重ねてきた物語・歴史を共有しながら新たな愛着を深めていくことも可能だが、縁がなくライフスタイルが違う場合は住みにくさや好みとのギャップを感じて、〝住み継ぎたい、住み継ぎやすい住まい〟とはなりにくい。

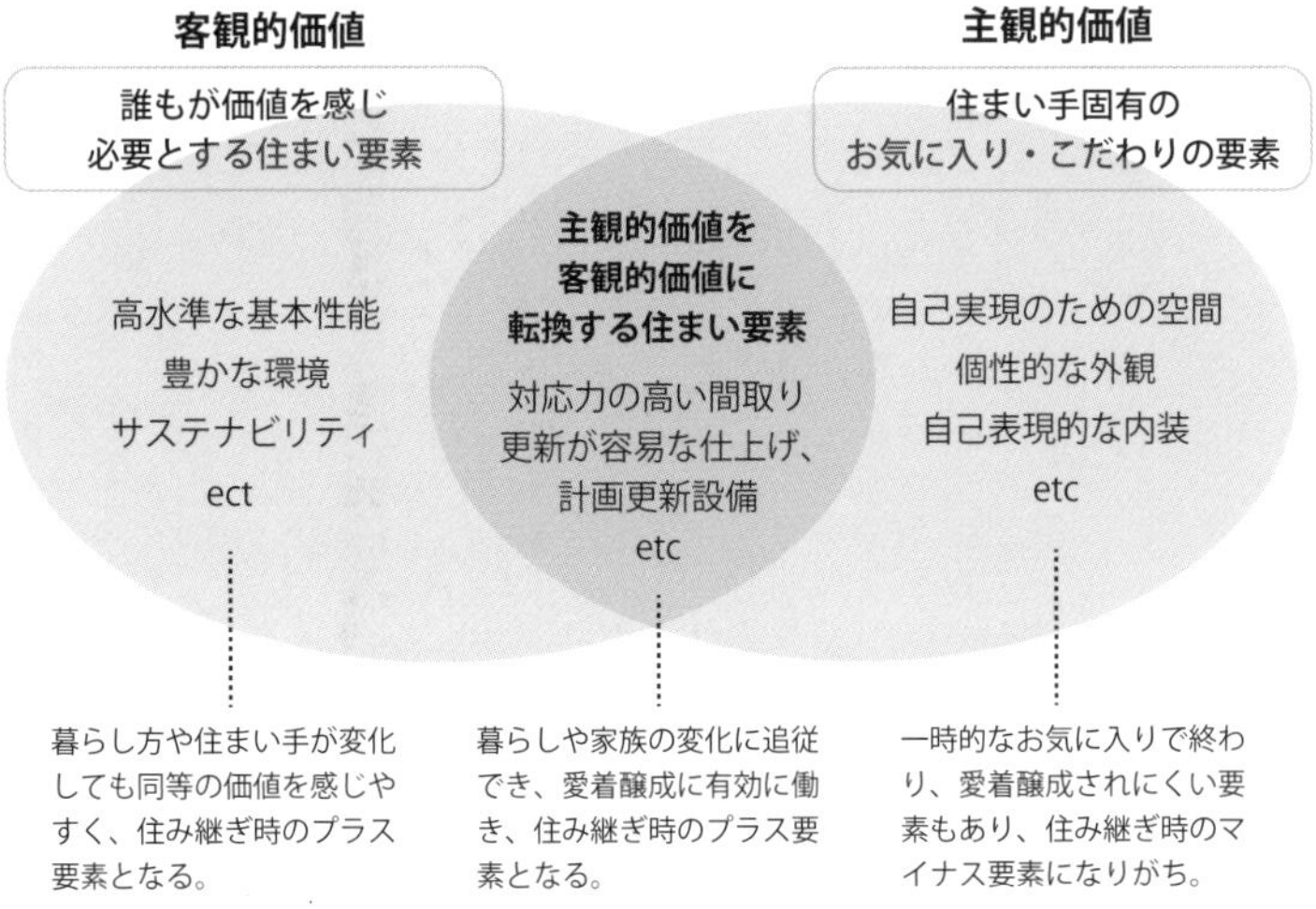
客観的価値
誰もが価値を感じ
必要とする住まい要素
主観的価値
住まい手固有の
お気に入り・こだわりの要素
高水準な基本性能
豊かな環境
サステナビリティ
ect
主観的価値を
客観的価値に
転換する住まい要素
対応力の高い間取り
更新が容易な仕上げ、
計画更新設備
etc
自己実現のための空間
個性的な外観
自己表現的な内装
etc
暮らし方や住まい手が変化しても同等の価値を感じやすく、住み継ぎ時のプラス要素となる。
暮らしや家族の変化に追従でき、愛着醸成に有効に働き、住み継ぎ時のプラス要素となる。
一時的なお気に入りで終わり、愛着醸成されにくい要素もあり、住み継ぎ時のマイナス要素になりがち。

果たして愛着は〝住み継ぎ〟に相反する要素なのだろうか。〝住み続けたい住まい（愛着のある住まい）〟と〝住み継ぎたい住まい〟の両立は成しえないのだろうか。第三章に記した愛着を醸成する住要素や生活意識に立ち返って考えてみたい。

まず、愛着が醸成されやすい対象としてのリビングだが、多彩な生活シーンを受け止める許容力・対応力を持つことが望ましいとした。この許容力・対応力は、住まい手が変わっても同様の価値を提供することができる。新たな住まい手が自由に生活シーンを描きやすいという面で〝住み継ぎ〟にも有効なポイントと考えられる。

次に歳月によって風合い・味わいの増す素材は、〝住み継ぐ〟ことで、さらに価値を深めていけると捉えられる。新たな住まい手の好み（価値観）にもよるが、質の高い本物素材を受け継ぐ悦びとなるのではないだろうか。

さらに積極的に住まいに関与する意識が高いと

いうことは、メンテナンスもしっかりと行われ、丁寧に暮らされてきた住まいという価値につながる。中古住宅の流通が主流の欧米において、元の住まい手による手入れの有無・丁寧さが価値の判断基準となる事実を見ても〝住み継ぎたい住まい〟に値するのではないだろうか。

これらの観点から言えるのは、住まいへの愛着は住まい自体の個性や特異性で醸成されるのではなく、住まい手の暮らし方とその変化（住まい手の変化も含む）に呼応できる住まいにおいてこそ育まれていくということ。この呼応力を備えた住まい（＝住みごたえのある住まい）は、主観的価値を高める

壁や柱に影響されにくい一体大空間のLDKなら主観的価値を満たす多彩な空間活用が可能。

ための客観的価値に満ちた住まいなのである。

〝愛着のある住まい＝主観的価値で彩られた住まい＝個性的な住まい〟ではなく、〝愛着を育みやすい住まい＝主観的価値を反映しやすい住まい＝客観的価値を備えた住まい〟という構図で捉えることが必要なのである。

そして、住まいの客観的価値は時代の変化に左右されにくく、流行り廃りに左右されない「普遍性」を持つことが重要だと思われる。今後、この「普遍性・普遍的な価値」という課題については、本書発刊後も引き続き、継続して探求を続けていきたいと思う。

愛着と文化的価値

取り壊されない住まいに、歴史的・文化的価値を持つ住まいがある。文化財として保護され、住まい手が存在しない建造物もあるが、今もなお脈々と暮らしが営まれている住まいも現存する。

そのひとつ、兵庫県神戸市の深江文化村に残る「冨永邸（緑の家）」を訪ねると、本書での考察に通じる点が見て取れた。深江文化村は大正末期に建てられた西洋風住宅による街区で、冨永邸は欧米の生活スタイルに添って計画されたオーソドックスなスタイルである。リビングは家族のくつろぎや来客のもてなしなどで心地よく過ごせるゆとりがあり、木製の階段手すりなどは歳月を経た味わいがあって、住まい手がこの空間性やデザインを長く愛し、愛着を持って適切にメンテナンスされてきたことが窺える。

また、京町家の小島家住宅は、先々代から引き継ぎ、改修を重ねながら地域のお祭りの際などにコミュニティの場としても生かされてきた。

それぞれ、文化的価値から取り壊されないという面もあるが、共通して住人の手が入り続けて現在に至っていることを特筆しておきたい。

これらの住まいは、きっとこれからも長く住み継がれていくことであろう。

深江文化村・冨永邸は「緑の家」として地域からも愛され、心地よく魅力的なリビングとなっている。

京町家・小島家は改修を重ねながら地域の景観・コミュニティにも溶け込み、愛着を持って住み続けられている。

おわりに

本書はさかのぼれば、2000年頃から20年以上にわたる「住まいへの愛着」研究における調査・分析を集成し、考察を加えたものとなる。学術的にさらなる論考を深めていくべき部分はあるが、現時点での知見をできるだけわかりやすく、研究者・学生の方々、そして住まいに関心のある生活者の方々に伝えられるよう努めた。

愛着とは何か。辞書によると「愛着」は「なれ親しんだものに深く心が引かれること。※」とある。住まいへの愛着において、深く心が引かれることとは何か、それは、気に入っている、大切にしたい、ずっと住み続けたいというようなあなた自身が感じている思いであると言える。

「住まいに愛着がありますか？」

これまでの研究や調査で幾度となく投げかけてきたフレーズだが、問われた住まい手はその時にあらためて〝愛着〟を意識することがほとんどである。

住まい手は住まいへの愛着を意識して暮らしているわけではなく、日常の何気ない暮らしの中で時とともに醸成されていき、気がつけば「好きだなぁ、いいなぁ」としみじみ感じるのが〝愛着〟だと言える。

そして〝愛着〟について尋ねた時、具体的に自分のお気に入りのモノや場所を語る姿は、とても生き生きと輝いており、住まい手の幸せな人生の物語のシーンが浮かび上がってくることが多い。

そういう意味で、愛着は、住まいづくりにおけるエッセンスとしてさりげなく存在し、モノ・空間・プロセスの中に織り込まれていることが理想であろう。

住まいは〝暮らしの器〟である。家族のさまざまな暮らしに寄り添うようにそこに在り、そして幸せな物語を綴っていける舞台となり、やがて〝愛着のある家〟として長く住まい続けられる。そのような住まいを提供していきたい。

何気ない日常を幸せに生きよう、愛着あるわが家の物語を綴りながら。

※出典：デジタル大辞泉／小学館

謝辞

本書執筆にあたり、最初にお声がけをしていただいた吉田友彦先生ならびに西山文庫の先生方に感謝申し上げます。そして、愛着を研究するきっかけをいただいた経済産業省「資源循環型住宅技術開発プロジェクト」の研究メンバーの方々、そして関係者の方々に御礼申し上げます。また、本書の丁寧でスムーズな編集・制作にご尽力いただいた木野村昭彦さん、山﨑美波さん、原田憲久さん、日沖桜皮さん、最新調査の実施および緻密な分析作業にご尽力いただいた植山生仁さん、ご協力まことにありがとうございました。

おかげさまで愛着のある本になりました。

参考文献

著者による既発表の関連論文

日本建築学会大会梗概

彌重 功・中村孝之他「長期耐用住宅のあり方に関する研究　その2　戸建住宅の建て替え要因の分析」、2005

彌重 功・中村孝之他「住まいへの愛着とその増減要因」、2008

彌重 功・中村孝之「戸建住宅における愛着醸成に関する研究　その1」、2009

彌重 功「戸建住宅における愛着醸成に関する研究　その3　住まいへの愛着写真調査の分析」、2010

彌重 功「住まいへの愛着に関する研究　地域への愛着分析からみる住まいへの愛着要件」、2012

彌重 功「住まいへの愛着に関する研究　住まい手の住生活意識からみた住まいへの愛着要件」、2013

彌重 功「戸建住宅におけるシニア世代の住意識と住まいへの愛着」、2015

彌重 功・本間 陽輔「戸建住宅における住まい手の愛着と幸福感に関する研究　その2」、2022

建築生産シンポジウム論文集

松田達矢・野城智也他「賃貸住宅の持続的価値を目的にしたインフィル・リース事業モデルの検討」、2005

発行物・冊子

「住み継がれる家の価値」Ⅰ～Ⅳ、総集編（監修：髙田光雄）／（財）勤労者住宅協会、2009～2012

「すまいろん」（2022年夏号）38～41頁［私のすまいろん］髙田光雄／（財）住総研、2022

〈執筆者〉

彌重　功

1965年生まれ。京都大学工学部建築学科卒。1989年積水ハウス(株)入社、都市開発事業部門を経て、1999年より住生活研究部門。ライフステージ・ライフスタイル視点での生活提案に関するソフト研究を担当。シニアライフ、住まいへの愛着、幸せ住まい、まちづくり・コミュニティ等に関する研究を専門とする。主な著書に、「住み継がれる家の価値」Ⅰ～Ⅳ、総集編(勤労者住宅協会・2009～2012年・共著)。

西山夘三記念 すまい・まちづくり文庫（略称：西山文庫）**について**

わが国の住生活及び住宅計画研究の礎を築いた故京都大学名誉教授西山夘三が生涯にわたって収集・創作してきた膨大な研究資料の保存継承を目的として1997年に設立された文庫で、住まい・まちづくり研究の交流ネットワークの充実、セミナーやシンポジウムの開催、研究成果の出版などを行っています。「人と住まい文庫」シリーズは、すまい・まちづくりに関する研究成果をより広く社会に還元していくための出版事業であり、積水ハウス株式会社の寄付金によって運営されています。

愛着のある家、物語のある暮らし

～住み続けたい、住み継ぎたい家の探求～

2023年10月1日発行

著　者　彌重　功
著作権者　積水ハウス株式会社
発行者　海道清信
発行所　特定非営利活動法人 西山夘三記念 すまい・まちづくり文庫
〒619-0224　京都府木津川市兜台6-6-4 積水ハウス総合住宅研究所内
電話　0774(73)5701
http://www.n-bunko.org/
編集協力　アザース
デザイン　松浦瑞恵
印　刷　サンメッセ株式会社

Printed in Japan
ISBN978-4-909395-11-5